Theatre de l

L'ile de res

514-549-4617

J'APPRENDS L'ANGLAIS...

Couverture

- Conception graphique:
  ANDRÉ LALIBERTÉ

DISTRIBUTEURS EXCLUSIFS:

- Pour le Canada:
  AGENCE DE DISTRIBUTION POPULAIRE INC.*
  955, rue Amherst, Montréal H2L 3K4 (tél.: 514-523-1182)
  *Filiale de Sogides Ltée

- Pour la France et l'Afrique:
  INTER-FORUM
  13, rue de la Glacière, 75013 Paris (tél.: 570-1180)

- Pour la Belgique, la Suisse, le Portugal, les pays de l'Est:
  S.A. VANDER
  Avenue des Volontaires 321, 1150 Bruxelles (tél.: 02-762-0662)

GINO SILICANI
JEANNE GRISÉ-ALLARD

J'APPRENDS L'ANGLAIS...

LES ÉDITIONS DE L'HOMME*

CANADA: 955, rue Amherst, Montréal H2L 3K4

*Division de Sogides Ltée

Bibliothèque nationale du Québec
Dépôt légal — 1er trimestre 1982

ISBN 2-7619-0224-6

Introduction

Il nous fait plaisir de vous présenter, chers lecteurs et élèves, un cours facile et agréable, pour vous aider à apprendre l'anglais.

Il ne s'agit pas de travailler pour décrocher un diplôme, mais de savoir se débrouiller, car il est important de nos jours, pour ne pas dire indispensable, de comprendre cette langue.

Toute la famille peut étudier en même temps avec cette méthode exclusive que nous vous présentons. Elle est le fruit de plusieurs années d'expérience.

Consacrez quelques heures chaque jour à cette étude, vous serez étonnés des progrès rapides que vous ferez.

Vous pourrez d'ailleurs constater ces progrès en corrigeant vous-mêmes vos devoirs.

Pour chacun des mots, la prononciation est donnée entre parenthèses. Lisez et répétez à haute voix.

Ce cours, publié dans un magazine mensuel, il y a quelques années, sous le pseudonyme de Charles Martin, a eu des lendemains heureux. Des témoignages sympathiques en font encore écho.

Au travail donc,

et bon succès !

Gino Silicani
B.A., Lic. péd.

Jeanne Grisé-Allard, journaliste

Première partie

(Book I)

1ère leçon

Le, la, les, l', se traduisent par **the** (se prononce "thí")

A. — (le) père : the father (thí fa-deur)

(le) fils : the son (thí sonn)

(le) grand-père : the grandfather (thí grènfa-deur)

(le) neveu : the nephew (thí nèf-iou)

(le) travail : the work (thí ou-weurk)

(le) cheval : the horse (thí heoursse)

B. — (la) mère : the mother (thí modeur)

(la) fille : the daughter (thí doteur) le o **comme dans nord**

(la) nièce : the niece (thí nice) **i et non pas é**

(la) ferme : the farm (thí farm) **a long**

(la) clef : the key (thí qui)

(la) vache : the cow (thí ca'o)

(l') heure : the time (thí ta'ime) **i presque sourd**

C. — (les) enfants : the children (thí tchil'dreunn)

(les) garçons : the boys (thí boi-zs)

(les) filles : the girls (thí gueurlz)

(les) parents : the parents (thí pèreuntz)

(les) sœurs : the sisters (thí sès-steûrz)

(les) œufs : the eggs (thí ègz)

(les) frères : the brothers (thí brô-deurz) **ô comme dans bonne**

Qui est le professeur ? : **Who is the teacher** (hou èzz thí ti-tcheur)

C'est moi : **It is I** (ètt èz aï) C'est toi : **it is you** (ètt èz i-ou)

C'est elle : **it is she** (ètt èz chi) C'est nous : **it is we** (ètt èz ou-i)

C'est vous : **it is you** (ètt èz i-ou) eux : **they** (thé)

Je, moi : I (a-ï) tu, vous : **you** (i-ou) il : **he** (hi) elle : **she** (chi)

nous : **we** (ou-i) ils, elles : **they** (dé)

Verbes : avoir : **to have** (tou have)	Etre : **to be** (tou bi)
Présent : j'ai : **I have** (aï have)	je suis : **I am** (a-ï èmm)
tu as : **you have** (i-ou ha-ve)	tu es : **you are** (i-ou arr)
il a : **he has** (hi hazz)	il est : **he is** (hi èzz)
nous avons : **we have** (ou-i ha-ve)	nous sommes : **we are** (ou-i arr)
vous avez : **you have** (i-ou ha-ve)	vous êtes : **you are** (i-ou arr)
ils ont : **they have** (dé have)	ils sont : **they are** (dé arr)

Premier devoir

Traduire en anglais:

Revoir les noms et les verbes avoir et être:

A.—1) Je suis le père ....I am the Father........

2) tu es la mère ....you are the mother....

3) nous sommes les enfants we are the children

4) vous êtes le fils ....you are the son......

5) il est le grand-père ....He is the grand-father

6) ils sont les parents ....they are the parents

7) j'ai la clef ....I have the key......

8) Vous avez l'heure ....you have the time

9) il a le travail ....He has the work....

10) nous avons le cheval ....we have the horse

11) vous avez la vache ....you have the cow

12) ils ont les oeufs ....they have the eggs

B.— **Traduire en français:**

I he they we you

The horse .... Le cheval ....

the cow .... La vache ....

the eggs .... Les oeufs ....

the farm .... La ferme ....

the father .... Le Père ....

the mother .... La mère ....

the brothers .... Les Frères ....

the sisters .... Les soeurs ....

C.— **Traduire en anglais:**

Le père .... the Father ....

la mère .... the mother ....

les enfants .... the children ....

le fils .... the son ....

la fille .... The daughter ....

les frères .... the brothers ....

les soeurs .... the sisters ....

la ferme .... the Farm ....

l'heure .... The time ....

le cheval .... the horse ....

la vache .... the cow ....

2e leçon

Et voici quelques mots nouveaux :
maintenant : **now** (na'o) cinq : **five** (fa-ive) un ou une : **one** (ou-ann).
Pour mettre les noms au pluriel, comme en français, on ajoute un "s".

TEXTE DE LECTURE

(consultez la liste I, de la première leçon)

Je vous conseille de lire ce texte à haute voix, ensemble, puis chacun à tour de rôle.

My father has a father, he is the grandfather now. My mother has a mother, she is the grandmother now. My father has five sons, they are the boys. My father has five girls, they are the daughters. My mother has one niece. This is the family.

Voici la traduction française de ces phrases : Mon père a un père, il est le grand-père maintenant. Ma mère a une mère, elle est la grand'mère maintenant. Mon père a cinq fils, ils sont les garçons. Mon père a cinq filles, elles sont les filles. Ma mère a une nièce. Ceci est la famille.

GRAMMAIRE

Dans la leçon I, nous avons appris que le, la, les, se traduisent par **the** (de). Aujourd'hui, nous allons faire connaissance avec **a**, qui se prononce (e), **an** (ènn) qui signifient un, ou une.

a (e) : un, s'emploie devant une consonne. Exemples : **a boy** (e bo-i) un garçon; **a father** (e fath-eur) un père; **a sister** (e sis-teur) une sœur, ou bien (ènn apeul) une pomme; **an umbrella** (ènn umbrèl-la) un parapluie; **an opera** (ènn o-pè-ra) un opéra; **an hour** (ènn a-ou'eur) une heure.
An: s'emploie devant une voyelle et un h muet.

Puisque nous avons parlé dans la leçon I de la famille, nous allons voir où cette famille vit, en appliquant la nouvelle règle de grammaire, et en apprenant des mots nouveaux :

a window (e ou-in-dô) une fenêtre **a door** (e deaur) une porte

a wall (e ou-âll) un mur **a clock** (e cloque) une horloge

a chair (e tchère) une chaise **a table** (e té-beul) une table

a stove (e stau-v) un poêle **a room** (e roumm) une chambre

a chimney (e tchim-né) une cheminée **a sink** (e sink) un évier

a bath-tub (e bath-tob) une baignoire, ou bain

a pillow (e pi-leau) un oreiller **a bed** (a bède) un lit

a roof (e rouff) un toit

a three-story house (e tri-staur-ri ha-ouss) une maison trois-étages

DEVOIR

Quel est mon nom ? **What is my name?** (ou-at iz ma-i né-me)

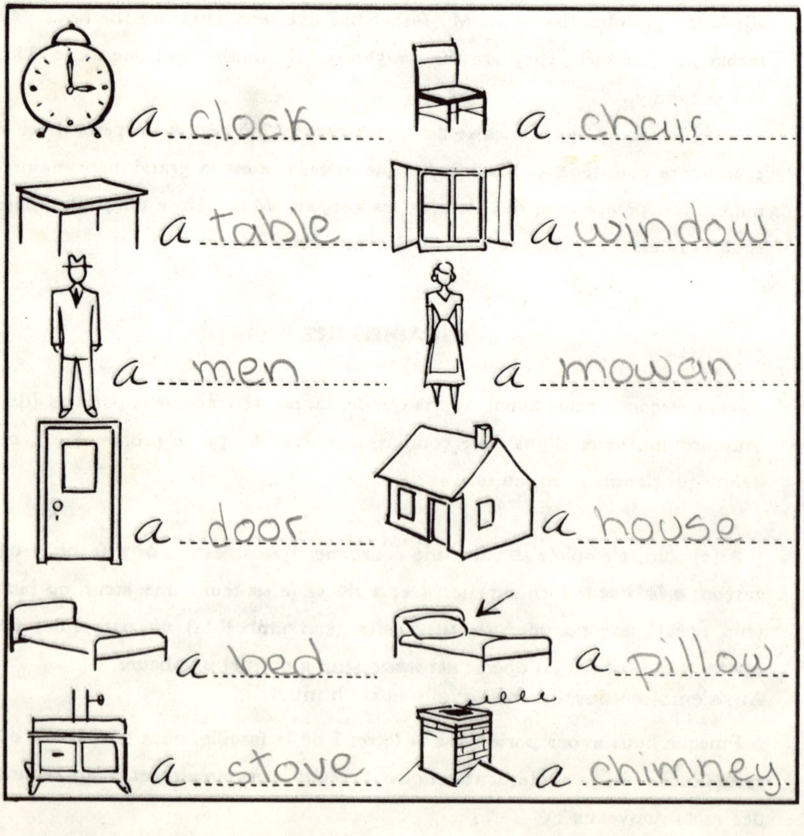

3e leçon

Nous allons apprendre l'heure maintenant. Voici

a clock : une horloge; **an alarm-clock :** un réveille-matin; **a watch :** (e ou-atch) une montre.

Pour les heures : 1. — **one** (ou-ann) 2. — **two** (tou)
3. — **three** (thri) 4. — **four** (for)
5. — **five** (fa-ive) 6. — **six** (sics)
7. — **seven** (sè-venn) 8. — **eight** (é-it)
9. — **nine** (na-inn) 10. — **ten** (tè-nn)
11. — **eleven** (è-lè-venn) 12. — **twelve** (tou-èlv)

Pour les minutes : (on les nomme toujours avant de donner l'heure) en disant **past :** passé. Ex. **five minutes past one :** cinq minutes passé une (heure) ou : 1 heure et cinq.

1 — five (past)
2 — ten (past)
3 — quarter (cou-orter) (past) un quart d'heure
4 — twenty (tou-ènn-ti) (past) vingt
5 — twenty-five (25) past
6 — half (haf) past : demie

Et pour l'autre demi-heure, on dit **to** (tou) qui a le sens de moins. Ex. **five minutes to one :** une heure moins cinq.

7 — twenty-five **to**
8 — twenty **to**
9 — quarter **to**
10 — ten **to**
11 — five **to**

To read the time –(tou ri'id the ta-ime) lire l'heure
What time is it ? (ou-at ta-ime izz it) quelle heure est-il ?
Give me the time please (gai-v mi the ta-ime plize) dites-moi l'heure s'il vous plaît.

 **it is twenty past two** (itt izz tou-èn-té past tou)

it is ten past one (itt izz tènn past ou-ann)

it is a quarter past four (itt izz e cou-orter past for)

it is half past three (itt izz haf past thri)

it is twenty-five to five (itt izz tou-èn-té fa-iv tou fa-ive)

it is twenty to six (itt izz tou-èn-té tou sics)

it is ten to two (itt izz tènn tou tou)

it is midnight, it is twelve o'clock (itt izz mid-na-it, itt izz tou-èlv o-cloc)

VERBE (Présent négatif)

Avoir

I have (not) a house	je n'ai pas une maison
you have (not) a watch	tu n'as pas une montre
he has (not) a dollar	il n'a pas un dollar
we have (not) an alarm-clock	nous n'avons pas un réveille-matin
you have (not) a chair	vous n'avez pas une chaise
they have (not) a bed	ils n'ont pas un lit

Être

I am (not) sick (sik)	je ne suis pas malade
you are (not) well (ou-èll)	tu n'es pas bien
he is (not) strong (stron-gue)	il n'est pas fort
we are (not) here (hir)	nous ne sommes pas ici
you are (not) happy (hapé)	vous n'êtes pas heureux
they are (not) busy (beu-zé)	ils (ou elles) ne sont pas occupés.

Dites l'heure en anglais

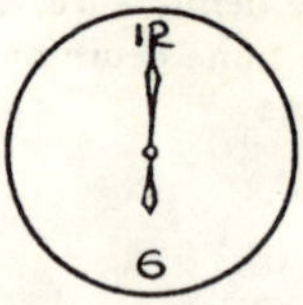

it is eight o'clock .... *it is* six o'clock ....

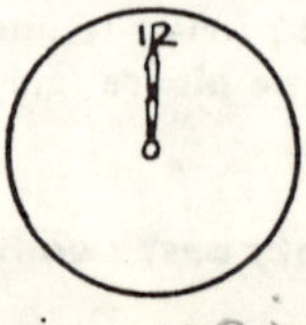

it is nine o'clock .... *it is* midnight ....

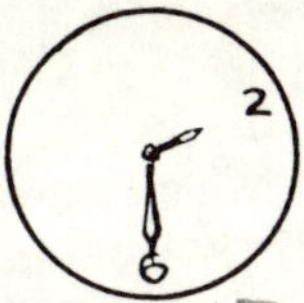

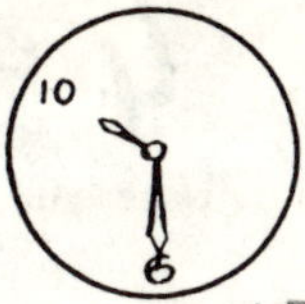

it is half past two .... *it is* half past ten ....

Traduire en anglais

Je suis fort .... I am strong

je ne suis pas fort .... I am not strong

tu es malade .... you are sick

tu n'es pas malade .... you are not sick

il est occupé .... He is busy

il n'est pas occupé .... He is not busy

nous sommes heureux .... we are happy

nous ne sommes pas heureux .... we are not happy

j'ai une chaise .... I have a chair

tu n'as pas une maison .... you have not a house

elles n'ont pas une chambre .... they have not a room

vous avez une chaise .... you have a chair

Lecture : (à haute voix) I am in my house now. I see (si) a room with (oui-th) a bed and a pillow. In the kitchen I have a stove, a table, a chair, a window; a cross is on the wall. A clock is on the wall; it is half past six. I am happy in my house. I am always (all-ou-éz) busy around (e-roun-d) my house.

4e leçon

REPASSONS LA LECTURE :

I am in my house now (Je suis dans ma maison maintenant). I see a room with a bed and a pillow. (Je vois une chambre avec un lit et un oreiller). In the kitchen I have a stove, a table, a chair, a window; a cross is on the wall. (Dans la cuisine, j'ai un poêle, une table, une chaise, une fenêtre; un crucifix est sur le mur.) "Cross" s'emploie pour croix, ou pour crucifix, on peut dire aussi en anglais : "crucifix". A clock is on the wall; it is half past six. (Une horloge est sur le mur; il est six heures et demie). I am happy in my house. (Je suis heureux dans ma maison). I am always around my house. (Je suis toujours autour de ma maison).

Que diriez-vous maintenant, mes chers élèves, d'un test de revision, genre mots-croisés, que nous appellerions "VOCAB-PLAY" ou jeu de vocabulaire ?

Vous y trouverez 27 mots, appris dans les leçons 1, 2 et 3, plus environ 13 mots pour aider à en former d'autres. Il faudra chercher ces mots dans le dictionnaire. Quand le mot est donné en français, donnez la traduction anglaise, ou le contraire. Vous n'aurez pas trop de difficultés, surtout si tout le monde s'y met, autour de la table, dictionnaire en mains. N'oubliez pas de consulter les Cours précédents.

"VOCAB-PLAY No 1"

	1	2	3	4	5	6	7	8	9	10	11	12
1	e	g	g	s	■	G	A	r	d	e	n	s
2	N	O	■	i	F	r	■	e	o	n	■	i
3	G	■	a	r	e	A	■	A	Z	■	■	S
4	L	a	■	■	U	n	c	L	e	s	■	T
5	i	N	■	T	■	D	o	■	N	i	n	e
6	S	■	r	o	o	F	■	T	■	■	o	r
7	H	■	e	■	F	A	m	i	L	y	■	■
8	■	H	A	■	■	t	o	m	■	o	■	S
9	w	o	r	k	■	H	i	e	■	u	s	e
10	e	u	■	e	y	e	■	■	w	■	o	n
11	■	S	■	y	■	r	i	v	e	r	■	D
12	H	e	r	■	■	S	o	n	■	■	I	■

HORIZONTAL (horizontalement)

1. œufs — jardins.
2. négation — 1ère lettre de chaque mot dans : in full right (en plein droit) — agent politique de Louis XV — je.
3. lettre dans l'alphabet suivant f — surface — première et dernière lettres de l'alphabet — dans "sisters" lettre répétée 3 fois.
4. the — oncles — la 1ère lettre de dix en anglais.
5. dans — 1ère lettre du mot "this" (ceci) — faire — 9.
6. 1ère lettre de "stove" (poêle) — toit — 1ère lettre de "town" (ville) — ou bien, ou, soit que.
7. la lettre qui suit g dans l'alphabet — dans le mot "eleven" (onze) lettre répétée 3 fois — famille.
8. les 2 premières lettres de "ham" (jambon) — abréviation de Thomas — dans "moon" (lune) lettre répétée 2 fois — lettre après R dans l'alphabet.
9. Travail — aller, se rendre, arriver — — usage, coutume.
10. I have had, veut dire : j'ai eu, alors, traduire "had" — œil — écrivez W — préposition "sur".
11. dernière lettre de "yes" (oui) — 1ère lettre de "yes" — rivière — 1ère lettre de "day" (jour).
12. son, sa, ses, à elles — fils — je.

VERTICAL (verticalement)

1. anglais — nous — lettre après le g dans l'alphabet.
2. aller — un (article devant voyelle) — maison.
3. dans "egg" lettre répétée 2 fois — un (art. devant consonne) — derrière — dans "rear" (derrière) lettre répétée 2 fois.
4. monsieur — à (préposition) — ou bien "pour, en, vers" — clef.
5. fire veut dire... — de (prép.) — dans "eye" lettre du milieu.
6. grands-pères.
7. un (art. devant consonne) — les 2 premières lettres de "country" (campagne) — "me" en fr. — les 2 premières lettres de IOTA (petite quantité).
8. réel — l'heure — 1ère et 3è lettres dans Vincent.
9. douzaine — 1ère lettre de "late" (tard) — nous.
10. "in" traduit en fr. — les 2 premières lettres de "sir" (monsieur) — vous — 1ère lettre de "road" — (chemin, route).
11. 1ère lettre de "name" (nom) — négation — ainsi, de cette manière — je.
12. sœur — envoyer.

5e leçon

VOCABULAIRE

Nous avons vu les membres de la famille dans leur maison (leçons 1, 2 et 3). Augmentons notre vocabulaire en jetant un coup d'œil autour de la maison :

tree (tri) arbre	**river** (ri-voeur) rivière
bridge (bridge) pont	**stone** (stô-ne) roche, cailloux
sun (sonn) soleil	**garden** (gar-deunn) jardin
barn (bârn) grange	**stable** (sté-beul) étable
cloud (claoud) nuage	**flower** (fla-ou-oeur) fleur
cart (cart) charrette	**road** (rô-de) chemin, route
field (fi-ld) champ	**hay** (hé) foin
cow (ca-o) vache	**horse** (hor-se) cheval
cat (cat) chat	**hen** (hènn) poule
dog (dog) chien	**sheep** (chi-p) brebis

Nous avons maintenant un vocabulaire sur la famille, la maison, les environs du "home" (chez-soi), nous allons considérer le genre des mots.

En anglais, nous avons trois genres : genders (djen-deurs)

MASCULIN (masculine)	FÉMININ (feminine)	NEUTRE (neuter)
a boy, un garçon **a horse,** un cheval **the man,** l'homme **the bull,** le taureau **the ox,** le bœuf, ou **the bullock** (bul-lack) bouvillon **the steer,** (stire) s'il est jeune **yoke of oxen,** paire de bœufs (qui appartient à la famille des mâles)	**a girl,** une fille **a mare** (merr) une jument **the woman,** la femme **the cow,** la vache **the rose,** la rose (qui appartient à la famille des femelles)	**pencil,** crayon **apple,** pomme **money,** argent **house,** maison **picture,** image **fence,** clôture **milk,** lait (tout objet sans vie animale)
"il" dans le cas du sujet du verbe se traduit par **he** (hi) il est bon : **he** is good.	"elle" dans le cas du sujet du verbe se traduit par **she** (chi) elle est bonne : **she** is good.	En anglais, quand on parle d'un objet, on dit **it** au lieu de il ou elle. Ex. elle est belle cette maison : **it is a nice house;** (le chemin) il est long: **it is a long way**
Pour l'adjectif possessif se rapportant à un masculin, c'est toujours **his** (son, sa) Ex.: son frère et sa sœur sont ici (en parlant de Pierre) **his** brother and **his** sister are here.	**Pour l'adjectif possessif** se rapportant à un féminin, c'est toujours **her** (son, sa) Ex.: son frère et sa sœur sont ici (parlant de Marie) **her** brother and **her** sister are here.	**Pour l'adjectif** masculin ou féminin (son, sa, ses) on dit **its** Ex.: ses fruits sont bons (parlant de l'arbre) **its** fruits are good.

Mettons de l'ordre dans les mots vus, auxquels nous en ajouterons de nouveaux, en les séparant suivant le genre :

MASCULIN (masculine)	FÉMININ (feminine)
horse, cheval	**mare** (mèrr) jument
bull (boul) taureau	**cow** (ca-o) vache
dog, chien	**bitch** (bi-t-ch) chienne
cock, (coq) coq	**hen** (hènn) poule
colt, (quolt) poulain	**filly** (fillé) pouliche
drake (dréke) canard	**duck** (dock) cane
pig, (pi-gue) porc, cochon, pourceau, goret	**sow,** (sa-o) truie
calf, (caff) veau	des deux genres
father, père	**mother,** mère
man, (mèn) homme	**woman,** femme
boy, (bo-i) garçon	**girl,** (gueurl) fille
brother, frère	**sister,** sœur
uncle, oncle	**aunt,** (annte) tante
husband, (hozz-beund) mari	**wife** ,(oua-ife) épouse
king, (king) roi	**queen,** (cou-îne) reine
nephew, (nèf-iou) neveu	**niece,** (ni-ce) nièce
son, (sonn) fils	**daughter,** (do-teur) fille (du père, mère)
master, (ma-steur) maître	**mistress,** (mis-tress) maîtresse
prince, (pri-n-ss) prince	**princess,** (pri-n-sess) princesse

Je vous laisse avec ces mots nouveaux à apprendre, il faudra les appliquer dans un devoir qui commencera la prochaine leçon. Courage et patience, mes chers élèves, vous allez déjà vers le succès.

6e leçon

Vous avez bien appris les mots de la dernière leçon ? Nous allons voir ! Essayez d'écrire, de mémoire,

A) **le masculin** des mots suivants :

mare	Jument	woman	Femme	mother	mère
queen	reine	aunt	tante	daughter	Fille
sister	soeur	filly	pouliche	girl	Fille
niece	niece	princess	princesse	hen	poule
cow	vache	wife	épouse	mistress	maitresse

B) **le féminin** des mots suivants :

son	garcon	man	homme	bull	toreau
boy	garcon	nephew	neveu	brother	Frere
colt	poulin	king	roi	horse	cheval
uncle	oncle	master	maitre	husband	mari
father	pere	dog	chien	cock	coq

C) Mettez **m** pour masculin; **f** pour féminin, **n** pour neutre, selon le cas, après les mots suivants :

prince	m	Mary	F	wall	n	niece	F	husband	m
John	m	sister	F	house	n	nephew	m	pen	n
stone	n	daughter	F	stove	n	son	m	money	n
colt	m	aunt	F	wife	F	apple	n	sheep	F

Ex. : mare **f** (parce que c'est féminin, jument) stone **n**, (parce qu'une pierre n'a pas la vie animale).

Lecture

THE FARMHOUSE (ferme, maison de ferme, de fermier)

Among the trees I see a farm-house, a barn and a stable. Cows, horses, hens, sheep are in the fields eating grass. The river is not large (large). It is a sunny day so the farmer is working in the field cutting hay for his animals. The farmer is happy and lucky to live in the country.

Sens et prononciation des mots nouveaux de la lecture

Among (e-mongue) parmi; **I** (a-i) je; **see** (si) voir; **eating** (i-tinng) mangeant; **grass** (grâce) herbe; **sunny** (sonné) (se prononce comme le verbe sonner en français) ensoleillé; **so** (alors, donc, c'est pourquoi); **working** (ouark-inng) travaillant; **cutting** (cott-ing) coupant; **animals** (an-i-males) animaux; **happy** (ha-pé) heureux; **lucky** (lo-qué) chanceux; **to live** (tou li-ve) habiter; vivre, demeurer; **country** (conn-tré) campagne. **In the country:** à la campagne.

Traduction de la lecture

Parmi les arbres je vois une ferme, une grange et une étable. Les vaches, les chevaux, les poules, les brebis sont dans le champ mangeant l'herbe. La rivière n'est pas large. C'est un jour ensoleillé, alors le fermier travaille dans son champ à couper le foin pour ses animaux. Le fermier est heureux et chanceux de vivre à la campagne.

Parlons un peu de conjugaison maintenant.

Nous avons étudié les leçons précédentes, le **présent** des verbes avoir et être, formes affirmative et négative. Quand nous disons "oui", c'est la forme affirmative, "non", c'est la forme négative, mais nous sommes obligés aussi de poser des questions: c'est la forme interrogative.

En anglais, quand nous voulons poser une question, nous avons quatre mots pour exprimer la forme interrogative : **Do** pour le présent; **did** pour le passé; **will** pour un futur; **would** pour un conditionnel.

Do (présent) **you come with me?** Viens-tu avec moi ?
Did (passé) **you come with me?** Es-tu venu avec moi ?
Will (futur) **you come with me?** Viendras-tu avec moi ?
Would (cond.) **you come with me?** Viendrais-tu avec moi ?

Vous voyez que la phrase, aux quatre temps, est toujours la même, avec la seule différence des mots **do, did, will** et **would.**

ATTENTION : quand vous voudrez poser une question au présent, mais à la 3e personne du singulier, au lieu de **do** il faudra dire : **does.**

Voici ce que vous devez faire quand vous avez une question à poser :

1) demandez-vous si c'est un présent, un passé, un futur ou un conditionnel, c'est-à-dire, si l'action se fait dans le moment, si elle est passée, future ou conditionnelle.

2) quelle personne fait l'action. Je (**I**), tu (**you**), il (**he**), elle (**she**), nous (**we**), vous (**you**), ils ou elles (**they**).

3) traduire le verbe à l'infinitif (voir le prochain cours) toutefois il faudra enlever le **to.**

Récapitulation : Ce qui est important dans une question, c'est le premier mot. Il indique le temps où l'action se passe : **DO** pour le présent; **DID** pour le passé; **WILL** pour une action à venir; **WOULD** quand il y a une condition. Le reste de la phrase ne change pas.

Exemples :

Présent (present)

Viens-tu avec moi ?

1) quel temps ? Viens, c'est le présent, alors on dit DO;

2) quelle personne ? Toi, tu : YOU

3) quel verbe ? Venir, (TO) COME

Do you come with me?

Futur (future)

Obtiendra-t-il du travail ?

1) quel temps ? Futur : WILL

2) quelle personne ? Il : HE

3) quel verbe ? Obtenir : (TO) OBTAIN

Will he obtain some work?

Passé (past)

A-t-il mangé ?

1) quel temps ? passé, alors c'est DID

2) quelle personne ? Il : HE

3) quel verbe ? Manger : (TO) EAT

Did he eat?

Conditionnel (conditional)

Ecririez-vous cette lettre ?

1) quel temps ? conditionnel: WOULD

2) quelle personne ? Vous : YOU

3) quel verbe ? Ecrire: (TO) WRITE

Would you write this letter?

N.B. — Cette forme est valable pour tous les verbes, à ces quatre temps, exception faite pour "être" que nous verrons bientôt.

7e leçon

Voici une leçon toute spéciale, inspirée de l'esprit des Fêtes. Vous serez contents, j'imagine, d'apprendre des mots nouveaux.

Vocabulaire (Vocabulary)

"Noël": Christmas (criss-mèss)

Père Noël: Santa Claus (santa cloz)

Arbre de Noël: Christmas tree (criss-mèss tri)

Cadeau: gift (guift)

Etoile: star (starr)

Image, tableau: picture (pic-tcheur)

Boules: bulbs (bol-bz)

Traîneau: sleigh (slé)

Calendrier: calendar (calèn-deur) accentuer le **ca**

Souliers: shoes (chouze)

Table: table (té-beul)

Patins: skates (ské-ts)

Chaise: chair (tchèr)

Gâteau: cake (ké-que)

Eglise: church (tcheur-tch)

Fenêtre: window (ou-inn-do)

Neige: snow (sno)

Lune: moon (moune)

Glaçons: icicles (aïss-cikeuls)

Poupée: doll (doll)

Minuit: midnight (mid-na-ït) twelve o'clock: douze heures

Midi: noon (noune) " " " "

TRAVAIL

Regardez bien le dessin ci-dessous, chaque objet est numéroté et se rapporte au vocabulaire d'aujourd'hui. Marquez le nom, en anglais, sur les lignes pointillées.

1. ...... star ......
2. ...... christmas tree ......
3. ...... bulb ......
4. ...... skate ......
5. ...... gift ......
6. ...... picture ......
7. ...... window ......
8. ...... moon ......
9. ...... table ......
10. ...... cake ......
11. ...... chair ......
12. ...... sleigh ......
13. ...... clock ......
14. ...... doll ......
15. ...... christmas ......
16. ...... shoe ......
17. ...... calendar ......

2e partie: Mettre les lettres qui manquent, et traduire en français

Chri_s_tmas: ...... Noel	m_oo_n: ...... Lune ......
tr_e e_: ...... arbre	st_a_r: ...... étoile ......
pi_c_t_u_re: ...... image	sno_w_: ...... neige ......
c_H_air: ...... chaise	c_a k_e: ...... gateau ......
ch_u_rch: ...... église	gi_F_t. ...... cadeau ......

3e partie:

Construisez la phrase. Exemple: picture, the, the, is, wall, on.
The picture is on the wall.

A) Christmas, is, tree, decorated, the .... the Christmas tree is decorated

B) cake, is, table, the, on, the .... the cake is on the table

C) twelve, it, o'clock, is .... it is twelve o'clock

D) now, happy, am, I .... I am happy now

E) I, have, gifts, nice .... I have nice gifts

Grammaire: Dans le texte de cette lecture, voyez les mots soulignés. Vous remarquerez que les adjectifs, en anglais, se placent devant les noms et ne changent jamais, ils sont invariables :

"Merry Christmas, Mary! Come to see the **big** tree. It is well decorated. Look under the tree you have five gifts. You have a **nice** doll, a **good** sleigh, **new** skates, a **strong** car, **black** shoes and **sweet** candies. To-morrow you will go to church to see the crib where Jesus is waiting for you."

Traduction: "Joyeux Noël, Marie! Viens voir le gros arbre. Il est bien décoré. Regarde sous l'arbre tu as cinq cadeaux. Tu as une belle poupée, un bon traîneau, des patins neufs, une auto solide, des souliers noirs et des bonbons sucrés. Demain, tu iras à l'église voir la crèche où Jésus t'attend."

Prononciation et traduction des mots nouveaux:

Merry: (mè-ré) joyeux	big (bi-gue) gros
well (ou-èll) bien	new (ni-ou) neuf, nouveau
strong (strongue) fort	black (blake) noir
sweet (sou-ite) doux, sucré	crib (crib) crèche, mangeoire
waiting (ou-é-tinng) attendant	

Expressions anglaises:

a) Merry Christmas: Joyeux Noël	Greetings: souhaits
My best wishes: Mes meilleurs souhaits	Bells: (bèllz) cloches
b) Happy New Year: Bonne et heureuse année	
party (pârté) fête	Midnight Mass: (mid-na-it mass) messe de minuit
sleigh ride: (slé ra-id) promenade en traîneau	

8e leçon

VOCABULAIRE (suite de la 6e leçon)

Voici une liste de verbes qui devait faire suite, à la 6e leçon, avec devoir. Donc, 6e leçon en mains, mettons-nous courageusement au travail.

To work (tou ou-eurk) travailler
To eat (tou i-te) manger
To write (tou ra-itt) écrire
To break (tou bré-ke) casser, briser
To see (tou si) voir
To leave (tou live) partir, quitter
To say (tou sé) dire
To go (tou go) aller
To get (tou guètt) obtenir

To call (tou co-ll) appeler (au téléphone)
co comme dans colline
To want (tou ou-ante) vouloir
To do (tou doux) faire
To bring (tou bri-gne) apporter
To buy (tou ba-ï) acheter
To come (tou comme) venir
To drink (tou drignk) boire
To receive (tou re-cive) recevoir
To make (tou mé-ke) faire

DEVOIR

Tous les verbes sont pris dans la liste présentée aujourd'hui. Pour la règle de grammaire, voir la 6e leçon. Traduire les phrases suivantes :

Présent (question)
DO

Est-ce que je travaille ?
Manges-tu avec moi ?
Vois-tu la grange ?
Recevez-vous des lettres ? (letters)
Viennent-ils ?
Achetez-vous des vaches ?
Est-ce que je bois maintenant ?

Futur (question)
WILL

Apporterez-vous l'argent ?
Est-ce que je recevrai la lettre ?
Ecriront-ils souvent ? (often)
Travailleras-tu aujourd'hui ?
Direz-vous oui ou non ? (yes or no)
Appelleras-tu ta mère ?

Passé (question)
DID

Avez-vous vu la fille ?
A-t-il appelé le père ?
Ont-ils mangé ?
Avons-nous reçu la lettre ?
As-tu vu la ferme ?

Conditionnel (question)
WOULD

Irais-tu au magasin ? (store)
Apporterais-tu le livre ? (book)
Viendrais-tu avec moi ?
Ferait-il ce travail ?
Mangeriez-vous ?
Boiriez-vous ?

VOCABULAIRE

Jours de la semaine: days of the week
Sunday (sonn-dé): dimanche
Monday (monn-dé): lundi
Tuesday (ti-ouze-dé): mardi
Wednesday (ouèn-sdé) mercredi
Thursday (theur-sdé): jeudi
Friday (fra-ï-dé): vendredi
Saturday (sat-eur-dé): samedi

Attention : remarquez que chaque nom prend une majuscule en anglais et se termine par **day** (jour).

JANUARY						
SUNDAY	MONDAY	TUESDAY	WEDNESDAY	THURSDAY	FRIDAY	SATURDAY
		1	2	3	4	5
6	7	8	9	10	11	12
13	14	15	16	17	18	19
20	21	22	23	24	25	26
27	28	29	30	31		

Happy New Year!

TRAVAIL PERSONNEL

Ecrivez les noms des jours des dates suivantes sur le feuillet de janvier du calendrier que vous voyez ci-haut :

4	Friday	14	Monday	3	Thursday
10	THursday	6	sunday	2	wednesday
16	wednesday	26	saturday	12	saturday
22	Tuesday	1	Tuesday	11	Friday
7	Monday	13	sunday	31	Thursday

Grammaire : after (aff-teur): après; between (bi-tou-ine): entre; before (bi-fore): avant.

morning (matin) noon (midi) night (soir) nuit

breakfast: déjeuner — **dinner:** dîner — **supper:** souper.

Lecture : Morning comes **before** noon and we have breakfast. Noon is **between** morning and night and we have dinner. Night is **after** noon and we have supper.

Before noon it is morning and noon is **between** morning and night.

Traduction : Le matin vient **avant** midi et nous avons le déjeuner. Le midi est **entre** le matin et le soir et nous avons le dîner. Le soir est **après** midi et nous avons le souper. **Avant** midi, c'est le matin et midi est **entre** le matin et le soir.

A) Ecrire NOON, MORNING, NIGHT selon le sens :
I have breakfast in the ..Morning.. At ..Night...... I have supper.
I have dinner at ...Noon....... ....Noon.......is after morning.
....Noon.......is between morning and night. Night..is after supper.
Réponses : morning, night, noon, noon, noon, night.

B) Mettre BEFORE, AFTER, BETWEEN selon le cas :
Monday is ..After... Sunday. Friday is ...After.... Thursday.
Wednesday is ..between.. Tuesday and Thursday.
Tuesday is ..between Monday and Wednesday.
Sáturday comes ...after.... Friday.
Réponses : after, after, between, between, after.

9e leçon

Vocabulaire

Boy: garçon

ear (irr) oreille
head (hèdd) tête
tooth (touth) dent
mouth (ma-outh) bouche
neck (nè-k) cou
hand (hènde) main
chest (tchè-st) poitrine
leg (lègue) jambe
foot (fute) pied
finger (finn-gueur) doigt
hair (hèrr) cheveux
eye-brow (a-ï-brau) sourcil
eye (a-ï) œil
eyelash (a-ï-lache) cil
lips (lipps) lèvres
arm (arme) bras
knee (ni) genou
toes (tau-ze) orteils.

Travail

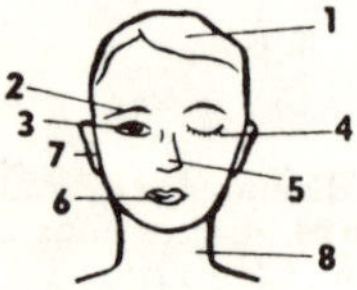

1. ....Head........
2. ...eye-brow...
3. ...eye............
4. ...eyelash.....
5. ...Nose.........
6. ...mouth..........
7. ...ear..............
8. ...neck.............

Donnez en anglais le nom de la partie de la tête numérotée dans le dessin ci-dessus.

In my  I have five  In my mouth I have  My head has two  and two  This is my  and this is my  I am a .

Grammaire : Avec les mots du vocabulaire de la présente leçon, nous allons voir comment former le pluriel en anglais.

1. — **Règle générale :** on ajoute **s** au nom :

two head**s**

two eye**s**

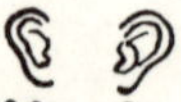

two ear**s**

two hand**s**

2. — Y après une voyelle prend un **s.**
Y après une consonne se change en **ies**

Ex. : — boy, boys — day, days — pay, pays — toy, toys — baby, babies — lady, ladies — candy, candies — country, countries.

3. — pour les mots en **O** on ajoute **ES** au pluriel. Ex.:

potato, potato**es** — negro, negro**es**
tomato, tomato**es** — volcano, volcano**es**

Il y a exception pour : bravo, solo, radio, piano, dynamo qui font au pluriel : bravos, solos, radios, pianos, dynamos.

4. — **F** ou **FE** se changent en **VES**. Ex. :

calf, calves (veaux)
shelf, shelves (étagères)
thief, thieves (voleurs)
wolf, wolves (loups)
knife, knives (couteaux)
life, lives (vies)
wife, wives (épouses)
leaf, leaves (feuilles)

Voici quelques exceptions : gulf, gulfs (golfes); chief, chiefs (chefs); roof, roofs (toits); handkerchief, handkerchiefs (mouchoirs).

5. — **ch, sh, x, ss.**

church, churches
brush, brushes
fox, foxes
torch, torches
box, boxes
cross, crosses

Voici quelques pluriels irréguliers (à apprendre par cœur).

tooth, dent, au pluriel : teeth (ti-th); woman, femme, au plur. women (ou-eu-mènn); child, enfant, au pluriel : children (tchil-drènn); goose, oie, au pluriel : geese (guise)); man, homme, au pluriel : men (mènn); foot, pied, au pluriel : feet (fi-te); mouse, souris, au pluriel : mice (mà-iss); louse, pou, au pluriel : lice (là-iss).

Devoir à faire :

1. — Mettez le pluriel des mots illustrés par un dessin.

teeth
Feet
Mice
men
eyes

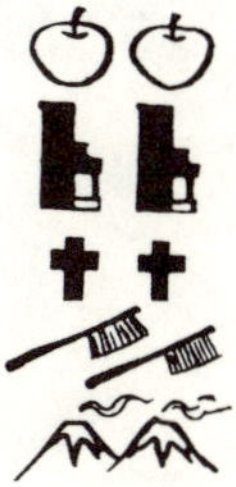

apples
pianos
crosses
brushes
volcanoes

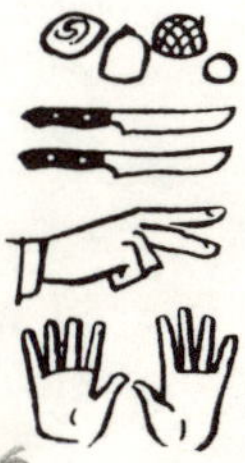

candies
Knives
Fingers
Hands

2. — **Traduire en anglais :**

J'aime manger les patates ...I like eating Potatoes...

J'ai cinq doigts dans la main ...I have Five Fingers in my hand

Les vaches ont quatre pattes, deux yeux, deux oreilles et plusieurs (many) dents ....

...The cows have Four paws, two eyes, two ears and many tooth

La semaine a sept jours ...the week have seven days...

Les garçons et les filles aiment les bonbons ...The boys and the girls like candies

3. — **Mettre au pluriel et traduire en français :**

shelf	shelve	étagère	hand	hands	main
box	boxes	boite	eye	eyes	yeux
boy	boys	garcon	ear	ears	oreille
lady	Ladies	Femme	brush	brushes	brosse
pay	pays	payer	cross	crosses	croix
child	children	enFant	church	churches	église
foot	Feet	pied	tomato	tomatoes	tomate
potato	potatoes	patate	life	lives	vie
pay	pays	salaire	wolf	wolves	loup
day	days	Jour	wife	wives	épouse
baby	babies	bébé	country	countries	campagne

10e leçon

Lecture : Remarquez encore une fois que l'adjectif se place généralement devant le nom, en anglais. C'est aussi une revue du pluriel.

Big boys, **nice** girls, **strong** men, **busy** women, **bad** children. **Young** ladies like to live in **warm** houses during the **cold** days of our **long** winter. Outside the **white** snow covers the **frozen** ground. The **little** sparrow remains with us, and seems to say to the **big** cows, the **black** horses, the **nervous** pigs, jailed in the stable : "Be patient, soon, we will have **sunny** days, **warm** weather, **green** grass, freedom.

Traduction : Cherchez les mots et faites vous-mêmes la traduction. Voyons un peu si vous pouvez trouver le sens de ce texte et l'écrire couramment en français. Bon courage.

Mots nouveaux :

busy (beu-zé) occupé
warm (ou-arm) chaud
frozen (fro-zeun) gelé
sparrow (spa-ro) moineau
nervous (neur-veuss) nerveux
freedom (fri-deum) liberté

young (i-ongue) jeune
winter (ou-inn-teur) hiver
ground (gra-ound) sol
us (oss) nous
jailed (dgé-ld) emprisonné

Adjectif :

vocabulaire et revue de la règle. N'oubliez pas, comme je vous le dis plus haut que l'adjectif se place devant le nom, en anglais. Voyez :

tall (tâll) boy
grand garçon

small (smâll) boy
petit garçon

long line : ligne longue
short line : ligne courte

a **clean** face (cline) : un visage propre

a **dirty** face (deurt-té) : un visage sale

a **happy** boy (hap-pé) : un garçon joyeux

a **sad** face (sade) : un visage triste

a **beautiful** (bi-ou-ti-foul) day : une belle journée

a **new** car (ni-ou) : une auto neuve

an **old** car (old) : une vieille auto

a **good** ice cream ("ood" se prononce comme "oude" dans coude): une bonne crème glacée

a **sweet** candy (sou-ite) : un bonbon sucré

a **large** road : un chemin large (chemin ou route)

a **narrow** (nar-ro) road : une route étroite

a **good** apple : une bonne pomme

a **bad** apple (bade) apple : une pomme mauvaise (pourrie)

a **big** (bi-gue) dog : un gros chien

a **small** dog : un petit chien

a **round** ball (ra-ounde) : une balle ronde

a **hard** wood (har-de) : un bois dur (franc)

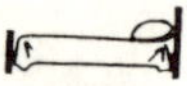
a **soft** (sof-te) bed : un lit mou (moëlleux)

a **full** (fou-l) glass : un verre plein

an **empty** (èm-té) bottle : une bouteille vide

a **young** boy : un jeune garçon

an **old** man : un homme vieux (vieillard)

a **tasty** (té-sté) pie : une tarte de bon goût

a **well-cooked** (ou-èll cou-kt) ham : un jambon bien cuit.

Dites "comment" sont :

 1) a small boy

 2) a tall boy

 3) a good apple

 4) a bad apple

 5) a Full glass

 6) an empty glass

 7) a new car

 8) an old car

 9) a sunny day

 10) a sad face

Traduire en français (revue de toute la leçon)

1. busy occuper
2. warm chaud
3. jailed emprisonner
4. freedom liberté
5. winter hiver
6. clean propre
7. ground sol
8. happy Joyeux
9. sad triste

Traduire en anglais :

1. vieux old
2. étroit narrow
3. sale vendu
4. grand tall
5. gros big
6. dur hard
7. plein Full
8. vide empty
9. sucré sweet

11e leçon

Réponses aux exercices de la 10e leçon:

2) Dites comment...

1. small ... man	2. tall ... man
3. good ... apple	4. bad ... apple
5. full ... glass	6. empty ... glass
7. new ... car	8. old ... car
9. beautiful ... Day	10. dirty ... Face

3) Traduire en anglais

1. occupé ... busy	2. chaud ... hot	3. emprisonné ... Jailed
4. liberté ... Freedom	5. hiver ... winter	6. propre ... clean
7. sol ... ground	8. heureux ... happy	9. triste ... sad

4) Traduire en français

1. old ... vieux	2. narrow ... étroite	3. dirty ... sale
4. tall ... grand	5. big ... gros	6. hard ... dur
7. full ... plein	8. empty ... vide	9. sucré ... sweet

Vocabulaire : Pâques — les sucres

Easter (i-steur) Pâques
Holy Thursday (teurs-dé) Jeudi saint
Holy Saturday (sa-teur-dé) Samedi saint
Happy Easter (hap-pé i-steur) Joyeuses Pâques
Our Lord (a-ou-eur laurde) Notre-Seigneur
The Holy Week (au-lé ou-ike) la semaine sainte
Good Friday (gou-de fra-i-dé) Vendredi saint
Easter Monday : lundi de Pâques
Lent (lèn-t) carême

Maple trees (mé-peul trize) érables
sugar camp (chau-gueur kèm-p) cabane à sucre
sugaring season (chau-gueur-ingne si-zeunn) saison des sucres
hole (aule) trou
pail (pé-l) seau
spout (spa-oute) chalumeau
syrup (si-reup) sirop
boiler (bo-i-leur) chaudière, bouilloire
sap (sappe) sève

---

trees are tapped (tap-pt) : les arbres sont entaillés, (incisés)
to pour (tou poure) : verser
the snow softens (sno soft-eunze) : la neige amollit
the ice melts (a-iss mèltz) : la glace fond
the fire (fa-i-eur) is started : le feu est allumé
people (pi-peul) : gens; parties (par-tiz) : fêtes
pea-soup (pi-soupe) : soupe aux pois; pancakes (pènn-kéks) : crêpes
taffy (ta-fi) : tire; sleigh (slé) : traîneau.

saison des sucres

Nommez, en suivant les numéros sur l'image, et traduisez en anglais :

1.	....Maple tree.... érable	8.	....snow.... neige
2.	....sap.... sève	9.	....Fire.... feu
3.	....pail.... seau	10.	....boiler.... bouilloire
4.	....horse.... cheval	11.	....hole.... trou
5.	....sleigh.... traîneau	12.	....people.... gens
6.	....sugaring.... saison, temps des sucres	13.	....ice melt.... la glace fond
7.	....Sugar camp.... cabane à sucre	14.	....sirup.... sirop

Adjectif. — Nous avons vu dans une précédente leçon que l'adjectif (mot qui dit comment est la pomme, l'auto, le chien...) se place devant le nom. Aujourd'hui, nous allons voir ce même adjectif, cette fois comme attribut (avec le verbe être). Il se place alors après le verbe. **Ex.** :

milk is **white** (ou-a-itt) :
le lait est blanc

blood is **red** (rè-d) :
le sang est rouge

the sky is **blue** (blou) :
le ciel est bleu

coal is **black** (blake) :
le charbon est noir

the leaf is **green** (gri-ne) :
la feuille est verte

the lemon is **yellow** (i-è-lo) : le citron est jaune

brown (bra-ounn) polisn :
cirage brun

La cire est brune :
the shoe polish is **brown**.

red light : lumière rouge
yellow light : lumière jaune
green light : lumière verte

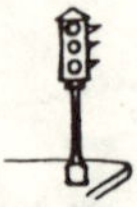

La lumière est rouge, verte ou jaune.
The light is **red, green** or **yellow.**

A **grey** (gré) suit
l'habit est gris
the suit is **grey**

red radishes
radis rouges
les radis sont rouges
the radishes are **red**

A **pink** (pin-ke) flower
une fleur rose
la fleur est rose
the flower is **pink**

le train est rapide
the train is **fast** (fa-ste)

la tortue est lente
the turtle is **slow** (slo)

Travail

Choisir le bon mot et l'écrire dans l'espace réservé :

old — red — white — fast — pink — black — yellow — blue — round — slow

blood is ...red...	a ball is ...round...
lemons are ...yellow...	a man, at 70 is ...old...
the sky is ...blue...	a train is ...Fast...
snow is ...white...	a turtle is ...slow...
coal is ...black...	the flower is ...pink...

(Réponses au début de la 12e leçon.)

12e leçon

Choix du bon mot :
red, yellow, blue, white, black, round, old, fast, slow, pink.

The seasons : Les saisons

Nous avons quatre saisons : En anglais, les noms des mois prennent des majuscules.

1. — Autumn (â-teum) : automne
   months (mont-s) mois : septembre : September (sèp-tèm-beur)
   octobre : October (oc-tau-beur)
   novembre : November (nau-vèm-beur)
2. — Winter (ou-i-n-teur) : hiver
   décembre : December (di-cèm-beur)
   janvier : January (gè-nouè-ré)
   février : February (fè-brouè-ré)
3. — Spring (spri-gne) : printemps
   mars : March (martch)
   avril : April (é-preul)
   mai : May (mé)
4. — Summer (summeur) : été
   juin : June (djou-ne)
   juillet : July (djou-la-ï)
   août : August (â-gust)

Lecture. — (Dans ce texte, remarquez encore une fois que l'adjectif se place devant le nom et ne change pas. Et faites maintenant connaissance avec le "WILL" à son emploi, c'est-à-dire, pour le futur.)

This year Easter came with the sugaring-season. Now that March and April are over, warm days will follow cold nights. The white snow will no longer be seen and the hard ice, left here and there, will finish to melt. Slowly the beautiful nature will at last revive after such a long rest. Soon the lively birds will come back to us and they will charm our ears by the sweetness of their songs. Soon also a great activity will reign among the farm folks because it will be then seeding time. Summer will follow spring and the farmer's life will go on and on.

Traduction. — Cette année Pâques est venu avec la saison des sucres. Maintenant que mars et avril sont passés, les jours chauds suivront les nuits froides. La neige blanche ne sera plus à notre vue et la dure glace, qui reste ci et là, finira par fondre.

Lentement la belle nature revivra enfin après un si long repos. Bientôt les vivants oiseaux nous reviendront et charmeront nos oreilles de la douceur de leurs chants. Bientôt une grande activité règnera parmi le monde de la ferme parce que ce sera alors le temps des semailles. L'été suivra le printemps et la vie du fermier ainsi continuera.

Mots nouveaux (et leur prononciation)

follow (fo-leau) suivre
no longer (lon-gueur) ne pas (sens durée) pas longtemps
revive (re-va-ive) revivre
us (oss) nous
songs (songueze) chants
to melt (tou mèlte) fondre
slowly (slo-lé) lentement
after (aff-teur) après
sweetness (sou-it-neuss) douceur
reign (ré-inn) rêgne
folks (fo-queze) gens, monde

Revue — Notez bien que l'adjectif ne change JAMAIS.

Mettre au pluriel

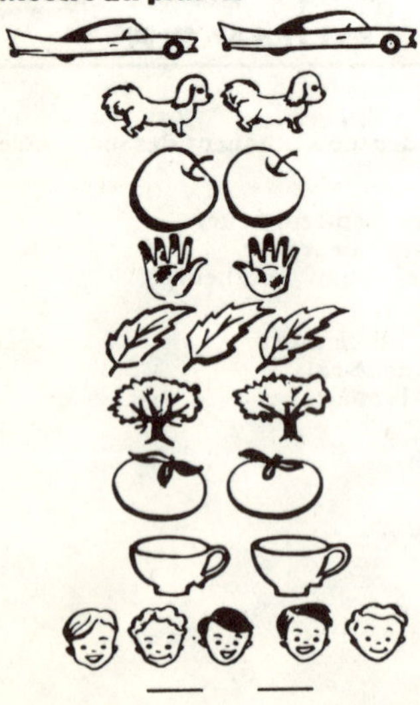

deux chars (autos) neufs
....Two new cars....
deux petits chiens
....Two small dogs....
deux grosses pommes
....Two big apples....
deux mains sales
....Two dirty hands....
trois feuilles vertes
....Three green leafs....
deux gros arbres
....Two big trees....
deux tomates rouges
....Two red tomatoes....
deux tasses (cups) blanches
....Two white cups....
cinq enfants heureux
....Five happy children....
deux petites (courtes) lignes

two small lignes

les bonnes pommes

the good apples

le chat a (has) des petits yeux

the cat has small eyes

les feuilles sont vertes

The leafs are green

j'ai besoin de brun à chaussures

I need brow polish shoes

la lumière est rouge

the light is red

la lumière est jaune

the light is yellow

la lumière est verte

the light is green

le sang est rouge

the blood is red

le charbon est noir

the coal is black

le train est rapide (vite)

the train is Fast

la bouteille est vide

the bottle is empty

les verres sont pleins

the glasses are Full

les mains sont sales

The hands are durty

le visage est sale

the Face is durty

les tartes sont bonnes

the Tarts are good

la tortue est lente

the turtle is slow

les citrons sont jaunes

the lemons are yellow

13e leçon

Vous faites des progrès bien sûr. Et cela devient intéressant n'est-ce-pas ? Mais il reste encore bien des choses à apprendre.

Voici un travail de "revision". Il porte sur le vocabulaire étudié.

Name the months (nommez les mois)

	March		June
Spring	April	Summer	July
	May		August
	September		December
Fall Autumn	October	Winter	January
	November		February

Name my month : Nommez le mois qui convient. N.B. — N'oubliez pas de mettre une majuscule

1. — Easter 1976 is in the month of April
2. — I was born in April
3. — Christmas is always (toujours) in December
4. — The first month of the year is January
5. — the third month of the year is March
6. — The month after July is August
7. — The month before April is March
8. — The month between October & December is November
9. — Name the fifth (5e) month of the year May
10. — My name begins by F February

Grammaire

Nous allons étudier le "MAY" et le "CAN". Je vais essayer de vous illustrer cette leçon qui est très importante. "may" ou "can" veulent dire : Je peux... On emploie **may** si on a une permission à demander ou à refuser, ou dans une phrase où il y a de la probabilité et **can** quand on veut parler de la connaissance, du savoir.

A) **permission :** Quand vous entrez dans un bureau vous dites :

Puis-je entrer ? — May I come in ?

puis-je téléphoner  May I phone ?

puis-je fumer  May I smoke ?

puis-je m'asseoir  May I sit ?

Puis-je prendre cette pomme ? 
May I take this apple ?

Puis-je boire ?
May I have a drink ? 

B) **probabilité :** Le ciel est gris, les nuages annoncent de la pluie, alors je dis :

Peut-être qu'il va pleuvoir ? It **may** rain

Je regarde l'homme et je dis : Peut-être que c'est lui
May be it is he.

Peut-être j'y vais ce soir...
May be I go to-night.

C'est peut-être mon chapeau
It **may** be my hat

Si je bois tout ça, je peux être malade
If I drink all that I **may** be sick.

Résumé : **may** s'emploie dans un sens de possibilité.

On emploie **can** quand on veux parler de la force ou de la connaissance, du savoir.

L'auto est en panne. L'homme sort de l'auto et dit :
"Je suis capable de la pousser."
I **can** push the car.

Je suis capable de bouger cette pierre.
I **can** move this stone.

Vous voyez que dans les deux exemples il faut de la force physique pour agir. Alors, dans ce cas, on se sert de "CAN" : Je peux, tu peux...

Pour conduire une auto, il faut savoir comment conduire, il faut de la connaissance. Je dis : "Je suis capable de conduire une auto." I **can** drive a car.

Je puis parler l'anglais : I **can** speak English.

Le père parle au fils, il lui dit que quelqu'un devrait aller au village chercher de la nourriture. Le fils lui répond : "Je puis y aller." I **can** go.

Les trois exemples montrent bicn que "connaissance, être capable de... savoir", se traduisent par CAN.

Résumé : **Can** s'emploie pour exprimer la capacité, l'habileté.

Traduire (en référant pour les verbes aux leçons précédentes)

(permission)

Puis-je manger ? may I eat

Puis-je travailler ? may I work

Puis-je étudier ? may I study

Puis-je dire ? may I say

Puis-je dormir ? may I sleep

Puis-je boire ? may I drink

Puis-je m'asseoir ? may I sit

Puis-je marcher ? may I walk

(probabilité)

Il peut venir He may be comes

Il peut boire He may be drinks

Vous pouvez travailler You may be work

Tu peux dire You may be say

Nous pouvons dormir we may be sleep

Ils peuvent partir they may be leave

(force ou capacité, habileté)

Je suis capable de te battre I can fight

Tu es capable de le faire you can do it

Il peut travailler toute la journée He can work all day

Nous pouvons bouger cette pierre we can move this stone

Vous pouvez pousser (push) l'auto You can push the car

Ils peuvent entrer they can go in

Je puis parler de Pierre I can taught about peter

Il peut parler l'anglais I can speak English

Il peut le faire I can do it

14e leçon

Si on parlait maintenant des fruits et légumes ?

Fruits and Vegetables :

pomme — apple (apeul)
raisin — grapes (gré-pse)
bleuets — blueberries (blou-bè-rize)
banane — banana (ba-na-na)
pêches — peaches (pi-tcheuss)
citrons — lemons (lèmeunze)
cerise — cherry (tchè-ri)
persil — parsley (pars-li)
patate — potato (po-té-to)
pois verts — green peas (gri-ne-pize)
concombre — cucumber (kiou-comm-beur)
céleri — celery (sè-leri)
carotte — carrot (kar-rott)
choux — cabbages (ca-be-gez)
blé d'Inde — corn (korne)
orange — orange (o-ran-ge)
fraises — strawberries (stra-bè-rize)
framboises — raspberries (rass-bè-rize)
poire — pear (pèr)
ananas — pineapple (pa-inn-a-peul)
prunes-plums (plomz)
prunes — prunes (prounz)
noix — nuts (notts)
tomate — tomato (to-mé-to)
salade — lettuce (lett-euce)
radis — radishes (ra-di-cheuz)
oignon — onion (o-ni-eunn)
fèves — beans (bi-nzz)
betteraves — beets (bittss)
navet — turnip (teur-nipp)
blé — wheat (hou-i-te)

Complétez les dessins et donnez les noms en anglais :

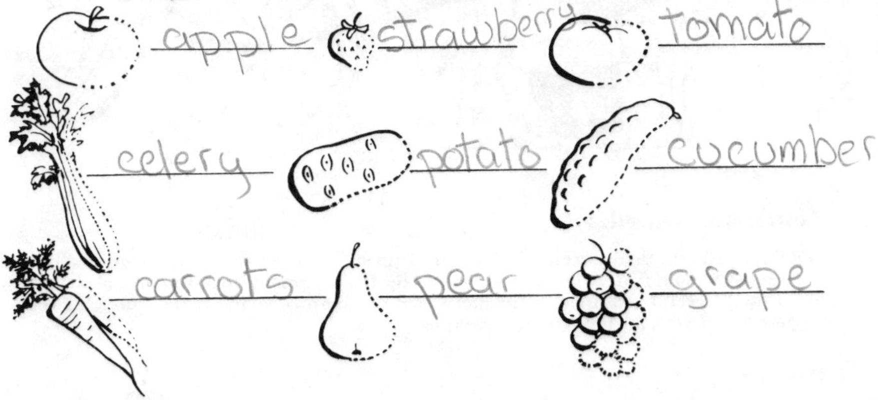

2) **Donnez le français :**

1. — green peas .... pois vert
2. — onion .... ognion
3. — pineapple .... ananas
4. — nuts .... noix
5. — cucumber .... cocombre
6. — radishes .... radis
7. — pear .... poire
8. — cherry .... ceryse
9. — grapes .... raisin
10. — lemons .... citron
11. — lettuce .... salade
12. — peaches .... peches
13. — potato .... patate
14. — carrot .... carotte
15. — strawberries .... Fraises

Reading — lecture :

(remarquez la différence entre **his** (à lui) adjectif, et **is** (est, verbe)

Mr. Johnson is a peddler; in his cart, he has pineapples, pears, raspberries, lettuce, apples, cucumbers, radishes, some celery, beans . . . in one word, he has all the vegetables a family **needs** (le verbe prend un **s** au présent, 3e personne, singulier) plus all kinds of fruits a woman **wants.** Mr. Johnson is very reasonnable about the prices he **asks** for his merchandise. He **lets** people know that he is passing by calling out: "Ladies, the fruitman is here . . "

Everyone knows Mr. Johnson. Rain or shine, the peddler will pass offering his merchandise in return of a few "cents" profit.

Expressions nouvelles :

peddler (pèd-leur) colporteur; in his cart (inn hizz karte) dans sa voiture; all kinds of fruits (ka-indz, frou-ts) toutes les sortes de fruits; prices (pra-i-seuss) prix; calling out (a-out) criant, disant; "fruitman" (frou-te-mann) vendeur de fruits; in return (ri-teurn) en retour; few (fi-ou) quelque.

Devoir :

1) Traduisez le texte de lecture, en français;
2) Répondez aux questions suivantes :

a) Who (qui est) is Mr. Johnson? .... is a peddler

b) What (que) does a peddler sell? .... a peddler sells merchan-Dise

c) What (quel) is the French word for cart? .... voiture

d) Name the vegetables sold by the peddler? .... lettuces, cucumbers etc

e) How (comment) are the prices? .... reasonnable

f) Is Mr. Johnson well known? .... yes

g) Does he make a big profit? .... no

15^e^ leçon

Un peu de vocabulaire.

Vocabulary

Ce mois-ci, nous allons apprendre le nom des outils :

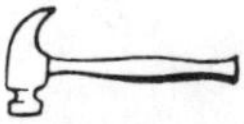
marteau - hammer (ha-meur)

hache - axe (axe)

clous - nails (né-lz)

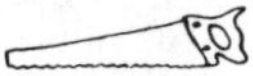
scie - saw (sâ)

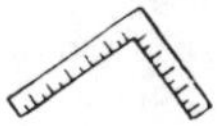
équerre - square (skou-èrr)

tournevis - screw-driver (skrou-dra-i-veur)

mèche - bit (bitt)

ruban-mesure - tape-measure (té-pe mè-geur)

pinces - pliers (pla-ieurz)

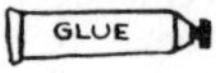

colle - glue (glou)

clé anglaise - wrench (rè-nch)

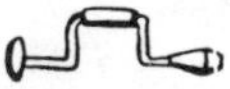
vilebrequin - brace (bré-ce)

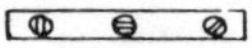
niveau - level (lè-veul)

pied-de-roi - carpenter's rule (kar-pin-teurze roule)

rabot - plane (plé-ne)

lime - file (fa-ill)

râteau - rake (ré-ke)

faucille - sickle (sik-keul)

trident - trident (tri-deun-te)

to chop the wood I need an 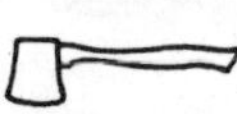 axe

to nail a  I need a  Hammer

to screw a  I need a  screw-Drivers

to measure this  board I need a  tape-measure

to cut this  board I need a  saw

to put 2  boards together I need  nails

to mend  I need a 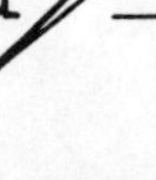 needle to make a wall straight  I need a  Level

to take off the nails  I need  plier

b) **Give the French words:**

nails	clous	puts	mettre
chops	Fendre	needs	besoin
drills	perce	screws	vises
measures	mesures	uses	utilise

Texte : vocabulaire et grammaire

The carpenter **nails** with a hammer, **chops** wood with an axe, **drills** holes with a brace and bits, **measures** with a carpenter's rule, **puts** the level on a wall to see if it is straight. He **needs** a screw-driver to turn the **screws** in and out he **uses** pliers to pull (tirer, eulever) nails out.

Le menuisier cloue avec un marteau, fend le bois avec une hache, perce des trous avec un vilebrequin et mesure avec le pied-de-roi, met le niveau sur le mur pour voir s'il est droit. Il a besoin d'un tournevis pour "visser et dévisser" des vis, il se sert de pinces pour enlever des clous d'une planche.

Grammaire : Remarquez bien que le verbe, au présent, à la 3e personne du singulier, prend un "s"; les autres personnes ne changent pas.

Exemple :

Je cloue, I nail	Je mets, I put
tu cloues, you nail	tu mets, you put
il cloue, he **nails**	il met, he **puts**
nous clouons, we nail	nous mettons, we put
vous clouez, you nail	vous mettez, you put
ils clouent, they nail	ils mettent, they put

Vous constatez que seule la 3e personne du singulier prend "s" mais remarquez bien que les verbes terminés en **sh** (he washes, il lave) en **o** (he does, il fait) en **y** précédé par une consonne (he cries, il crie, pleure) prennent **es.**

Travail : Prenez la 8e leçon pour ce devoir, les verbes se trouvent dans les colonnes de vocabulaire.

Traduisez en français a) — en anglais b)

a)		b)	
We work	nous travaillons	Je travaille	I work
I eat	Je mange	tu manges	you eat
he writes	il ecrit	il dit	he says
you leave	tu pars	nous venons	we come
they say	ils disent	vous achetez	you buy
you go	tu vas	il voit	He sees
he gets	il prend	je dis	I say
he goes	il va	tu appelles	you call
I call	j'appelle	j'apporte	I bring
you drink	tu bois	nous buvons	we drink
you bring	tu prends	vous recevez	you receive
he receives	il reçoit	tu fais	you do
they make	ils font	vous mangez	you eat
they want	ils veulent	ils vont	they go
he buys	il achete	vous obtenez	you get
he says	il dit	ils partent	they leave

16e leçon

Passons maintenant à un peu de grammaire.

Grammaire : *Le comparatif*

ice cream	pie (pa-ï)	soft drink
crème glacée	tarte	liqueur

Paul aime — Marie préfère — Jean ne veut que —

Les 3 choses sont bonnes, mais à chacun "ses goûts", donc, le mot **bon** peut avoir un sens différent pour chacun, cet adjectif a des degrés. Une chose par exemple peut être bonne, + bonne (plus bonne), + + bonne (très bonne, meilleure) (excusez la grammaire !) ou bonne, — bonne (moins), — — bonne. L'adjectif **bon** a des nuances, des degrés. Nous allons étudier ensemble le comparatif :

Comparaison entre 2 — — personnes

comparaison entre 2 — — animaux

comparaison entre 2 — — choses

1) Pour former le comparatif, on ajoute ER à l'adjectif :
   neuf — new (ni-ou) + er : newer (+ neuf)
   vieux — old (ôl-de) + er : older (+ vieux)
   court — short (chaurte) + er : shorter (+ court)
   long — long (laungue) + er : longer (+ long)

2) Le comparatif est toujours suivi de THAN :
   longer than, shorter than, newer than,
   + long que, + court que, + neuf que.

3) On se sert du **comparatif** quand on fait une comparaison entre 2 personnes, 2 animaux, 2 choses, et que l'un possède "la qualité" plus que l'autre.

Voici des exemples :

A —— la ligne A est plus courte que la ligne B B ————
A is **shorter than** B

l'auto 1 est plus neuve que l'auto 2
Car 1 is **newer than** car 2.

Les tartes sont meilleures que la crème glacée.

Pies are **better than** (bètt-eur) ice cream.

Le chat est plus fort que la souris.
The cat is **stronger than** the mouse.

PETER

Paul est plus petit que Pierre.
Paul is **shorter than** Peter.

Pierre est plus grand que Paul.
Peter is **taller than** Paul. (tâ-leur)

Pierre est plus vieux que Paul.
Peter is **older than** (ôl-deur) Paul.

PAUL

Le cheval est plus fort que l'homme.
The horse is **stronger than** the man.
(straun-gueur)

Le renard est plus rusé que le loup.
The fox is **wiser** (ou-aï-seur) **than** the wolf (wou-lf).

La colline 2 est plus haute que la colline 1.
Hill (hi-l) 2 is **higher** (a-ï-heur) **than** hill 1.

Le poisson 2 est plus profond que le poisson 1.

Fish (fi-che) 2 is **deeper** (di-peur) **than** fish 1.

A 9 heures il fait plus sombre qu'à 7 heures.

At nine, it is **darker** (dar-keur) **than** at seven.

La vache est plus grosse que la brebis.
The cow is **bigger than** the sheep.

Attention ! 1) Quand vous avez des adjectifs comme **beautiful** (bi-ou-ti-foul) beau; **comfortable** (com-faur-té-beul) confortable; **pleasant** (plè-seun-te) plaisant; c'est-à-dire, des adjectifs formés de plus de 2 syllabes, on met devant ces adjectifs **more** qui signifie plus (+), ou **less,** qui signifie moins (—).

Ex:

Le lit est plus confortable que la table.
The bed is **more** comfortable than the table.

Marie est plus belle que Ti-Fine.
Mary is **more** beautiful than Ti-Fine.

C'est plus plaisant quand il fait beau.
It is **more** pleasant when it is sunshine.

Attention ! 2) Les adjectifs comme happy (ha-pé) heureux; lazy (lé-zé) paresseux; heavy (hè-vé) pesant, le y précédé d'une consonne se change en i auquel on ajoute er:
happy : happier (ha-pieur) lazy : lazier (lé-zi-eur)
heavy : heavier (hè-vi-eur).

Voici une liste d'adjectifs, avec le comparatif; étudiez-les bien et cela vous servira de devoir :

wise (ou-a-ï-ze) rusé — wiser (ou-a-ï-zeur) — plus rusé
young (i-ongue) jeune — younger (i-on-gueur) — plus jeune
sweet (sou-itte) doux — sweeter (sou-itteur) — plus doux
low (lo) bas — lower (lo-ou-eur) plus bas
wide (ou-a-ïde) large — wider (ou-a-ïdeur) plus large
thick (thike) épais — thicker (thi-keur) plus épais
sharp (charpe) pointu — sharper (char-peur) plus pointu
cool (koul) frais — cooler (kou-leur) plus frais
cold (kôld) froid — colder (kôl-deur) plus froid
weak (ou-ike) faible — weaker (ou-i-keur) plus faible
light (la-ïtt) léger — lighter (la-ï-teur) plus léger
wet (ou-ètt) trempé — wetter (ou-è-teur) plus trempé
hot (hotte) chaud — hotter (hot-teur) plus chaud
red (rèd) rouge — redder (rèd-deur) plus rouge
small (small) petit — smaller (smalleur) plus petit

Exceptions :

bad, mauvais; worse, plus mauvais
far, loin; further, (feur-theur) plus loin
good, bon; better, meilleur
little (li-teul) peu; less (lesse) moins
much, beaucoup; more (mau-re) plus.

17e leçon

Voici un travail pratique qui fait suite à la dernière leçon, je pense que vous le trouverez agréable.

A. — Traduisez en anglais :

Le garçon est plus grand que la fille the boy is taler than the girl
Janvier est plus froid que février January is colder than February
Pierre est plus paresseux que Paul Peter is more lazy than Paul
Mon cheval est plus fort que le tien (yours) my horse is stronger than yours
Ma ferme est plus grande que la tienne (yours) my wife is taller than yours
Mon foin est plus long cette année que my hay is longer this year than...
Les fraises sont plus sucrées que les bleuets the strawberries are more sweet...
Les patates sont plus petites que l'an passé (last year) the potatoes are more small
Les soirées (nights) sont plus fraîches que les jours the nights are more Fresh
Il est plus heureux maintenant (now) he's more happy now
Cet hiver est pire que l'hiver dernier this winter is worse than...
En automne les feuilles sont plus rouges qu'en été in Autumn the leafs...
Il est plus faible qu'hier he is weaker than yesterday
Marie est plus belle que Ti-Fine Mary is more beautifult than ti-Fine
Je suis plus paresseux que toi I'm more lazy than you
Cette poche est plus pesante que cette boîte the packet is more heavy...
En été c'est plus plaisant in summer it's more pleasant
Nos maisons plus confortables que our house are more
Le Canada est plus beau que les Etats- the Canada is more beautifult
J'ai un chien mauvais, le tien (yours) est pire I have a bad dog, yours is worse
Il boit moins en hiver he drink less in winter
Il fait plus sombre en hiver qu'en été it's darker in winter than...
Mon étable est plus neuve que ma grange My stable is newer than my barn
Son auto est plus vieux que le mien (mine) his car is older than mine

B. — Donnez le comparatif, et traduisez :

cool	cooler	frais	hot	hotter	chaud
thick	thicker	épais	wise	more wise	russer
far	further	loin	lazy	more	paresseux
good	better	bon	high	higher	haut
wide	more wide	large	old	older	vieux
beautiful	more	beau	strong	stronger	fort
happy	more	heureux	dark	darker	sombre
wet	wetter	humide			

C. — **"Say how is..." :**

Pies are (meilleures) than ice cream ....better....

The cat is (plus fort) than the mouse ....stronger

During January nights are (plus froides) than in June ....colder

The wolf is (plus rusé) than the dog ....more wise....

There is (plus) wood in pile No. 1 ....more.... ......

Tree 1 is (plus grand) than tree 2 ....taller........

Car 2 is (plus neuf) than car 1 ....newer.....

My house is (plus grande) than yours ....larger

D. — **Traduisez en français, faites "ressortir" l'adjectif et donnez-le en anglais :**

Ex. : newer than : plus neuf que (neuf — new)

1. bigger than ..plus gros......
2. more comfortable than ...plus.......
3. older than ...plus vieux...
4. wiser than ...plus ruser..
5. cooler than ....". ......Frais...
6. happier than ...plus ....heureux
7. hotter than ....". .....chaud
8. shorter than ...". ...petit....
9. prettier than ....". .....beaux
10. more than ....". ...plus que
11. less than ....moins que...
12. worse than ....pire.....
13. further than ...plus loin...
14. better than ....mieux.

Dans le texte qui va suivre, je ferai une revue du comparatif, et j'introduirai les pronoms possessifs. Même si les phrases sont un peu mêlées, elles répondent au double but : comparatif et pronoms. Essayez de trouver ces pronoms :

1. My farm is better than **yours** because the barn and the stable are bigger and newer than yours.

2. This soil is more workable than his; my trees are higher than his, therefore I am more protected than he.

3. Their animals are fatter and stronger than mine so they can sell them and get more money than I, and as the grass is finer and longer in their fields than mine, it costs them less to feed their animals.

4. His crop is better than ours but when winter will come with its **shorter and colder** days, we will feel more comfortable in our house as it is made with stones.

Traduction :

1. Ma ferme est meilleure que la tienne (la vôtre) parce que la grange et l'étable sont plus spacieuses et plus neuves que les vôtres.

2. Le sol est plus labourable que le tien; mes arbres sont plus hauts que les siens, alors je suis plus protégé que lui.

3. Leurs animaux sont plus gras et plus forts que les miens alors, en les vendant, ils peuvent avoir plus d'argent que moi, et comme l'herbe est plus fine et plus longue dans leurs champs que la mienne, il leur en coûte moins cher pour nourrir leurs animaux.

4. Sa récolte est meilleure que la nôtre, mais quand l'hiver arrivera avec ses journées plus courtes et plus froides, nous nous sentirons plus confortables dans notre maison car elle est faite de pierres.

Grammaire (différence de terme entre l'adjectif possessif et le pronom possessif.

Adjectifs possessifs	**Pronoms Possessifs**
My (ma — mon — mes)	Mine (le mien — les miens la mienne — les miennes)
Your (ton — ta — tes)	Yours (le tien — les tiens la tienne — les tiennes)
His (son — sa — ses)	His (le sien — les siens la sienne — les siennes)
Her (son — sa — ses)	Hers (le sien — les siens la sienne — les siennes)
Its (son — sa — ses)	Its (le sien — les siens la sienne — les siennes)
Our (votre)	Ours (le nôtre — la nôtre les nôtres)
Your (votre)	Yours (le vôtre — la vôtre les vôtres)
Their (le leur — la leur — les leurs)	Theirs (le leur — la leur — les leurs)

Travail : Soulignez les pronoms.

My house is yours; his will be mine.

Your car is newer than hers; ours is older than his.

Her hat was yours; yours is hers.

My garden is larger than yours; theirs is smaller than ours.

18e leçon

Votre bonne application est la clé de votre succès. Je vous en félicite et je suis certain que vous trouvez les leçons de plus en plus intéressantes.

VOCABULAIRE

Vêtements : clothes (clau-tze)

chapeau : a hat (hatt)

bretelles : braces (bré-ceuss)

caoutchouc : rubbers (rob-beurz)

mouchoirs : handkerchief (hèn-keur-tchèf)

veston : coat (côte)

chandail : sweater (sou-è-teur)

foulard : scarf (skar-fe)

robe : dress (drèss)

ceinture : belt (bèll-t)

chemise : shirt (cheurt)

pantalon : pants (pèn-tz)
trousers (tra-ou-zeurs)

souliers : shoes (chouze)

bottines : boots (bou-tz)

bas : stocking (stau-kingne)

gilet : vest (vès-t)

gants : gloves (glo-ve-ze)

tablier : apron (é-preur-ne)

John's family: la famille de Jean

Travail A. — D'après le dessin, traduisez en anglais l'objet numéroté

1. costume de bain ....
2. serviette ... towel ...
3. tablier ... apron ...
4. robe ... dress ...
5. pantalon ... pant ...
6. chemise ... shirt ...
7. cravate ... tie ...
8. chandail ... sweater ...
9. sacoche ... purse ...
10. jupe ... skirt ...
11. souliers ... shoes ...
12. bas ... stocking ...
13. parapluie ... umbrella ...
14. gants ... gloves ...
15. chapeau ... hat ...

Travail B. — Donnez le mot anglais

1. To blow my nose I need a ... handkerchief ...
2. When it is raining I use an ... umbrella ...
3. When the ... wind ... strikes on my ... face ... I wear a ... scarf ...
4. When my mother works in the kitchen she has an ... apron
5. When it is cold I put on my ... face a scarf
6. Speaking of my feet I put on ... shoes stocking boots
7. To hold my ... pant ... I use ... braces ... or ... a belt
8. When it is cold I wear a ... coat ... a ... Jacket a ... sweater
9. On Sunday I put on a white ... hat ... and a nice ... dress ...
10. I have a hand-made ... glove ...

Travail C. — Donnez le français ou l'anglais, selon le cas

1. chandail ... sweater ...	1. braces ... bretelles ...
2. mouchoir ... handkerchief ...	2. rubbers ... cahoutchou ...
3. bas ... stocking ...	3. umbrella ... parapluie ...
4. manteau ... coat ...	4. scarf ... Foulard ...
5. chemise ... shirt ...	5. skirt ... Jupe ...
6. cravate ... tie ...	6. hat ... chapeau ...
7. bretelles ... braces ...	7. pants ... pantalon ...
8. pantalon ... pant ...	8. underwear ... sous-vetement
9. chapeau ... hat ...	9. handkerchief ... mouchoir ...
10. gants ... gloves ...	10. apron ... tablier ...
11. manteau de pluie ... raincoat ...	11. shirt ... chemise ...
12. robe ... dress ...	12. dress ... robe ...
13. habit ... suit ...	13. habit ... suit ...
14. veston ... Jacket ...	14. handbag ... sacoche ...
15. souliers ... shoes ...	15. hanger ... porte-manteau

19ᵉ leçon

Avec un peu d'application, vous ferez des progrès rapides.

Et voilà du nouveau au sujet des adjectifs. Vous avez vu le comparatif et le positif. Aujourd'hui, vous allez apprendre le superlatif. C'est un mot savant qui semble un mystère, mais vous allez voir comme c'est facile.
Le superlatif exprime le **plus** haut, ou le **plus** bas degré d'une qualité dans la comparaison de (personnes) (de choses) (d'animaux).

Exemple :

Il y a 3 montagnes, no 3 par rapport à 1 et 2 est **"la plus haute"** et cela se traduit par **high** (haut) auquel on ajoute les lettres **E S T,** ce qui fait : **highest.**

Parlant de la grandeur, de la taille, des êtres, no 3 est **"le plus grand"** et cela se traduit par **tall** (grand) auquel on ajoute **E S T : tallest.**

Parlant de vitesse, je dirai, no 3 est **"le plus vite"** qui se traduit : **fast,** plus **E S T : fastest.**

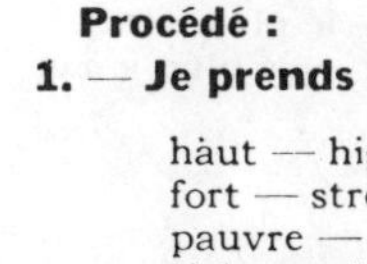

"Le plus neuf" des pantalons est le no 3, en anglais on dit : **new,** plus **E S T** pour le superlatif : **newest.**

Le superlatif s'emploie donc pour une comparaison dans laquelle entre plus de deux objets, personnes, ou choses.

Procédé :

1. — Je prends l'adjectif	**2. — j'ajoute E S T**	**3. — je mets THE devant**
haut — high	highest (plus haut)	THE highest (le plus haut)
fort — strong	strongest	The strongest
pauvre — poor	poorest	the poorest
riche — rich	richest	the richest
difficile — hard	hardest	the hardest

Quand vous avez des mots très longs (plus que deux syllabes) mettez "**most**" (plus) devant, et gardez l'adjectif tel quel :

Beautiful (beau, belle) le plus beau, la plus belle : **The most beautiful**
Interesting (intéressant) le plus, ou la plus : **The most interesting**
Difficult (difficile) le plus ou la plus... : **The most difficult**

Explications avec dessins :

Pierre est le plus petit du groupe :
Peter is the smallest of the group

Jean est le plus grand :
John is the tallest

L'arbre no 4 est le plus gros :
Tree no 4 is the biggest

L'arbre no 3 est le plus petit :
Tree no 3 is the smallest

Le chien est le plus fort
The dog is the strongest

Le chat est le plus paresseux :
The cat is the laziest

L'écureuil est le plus rusé :
The squirrel is the wisest (ou-aï-zeuste)

Les nuits d'hiver sont les plus longues, les plus froides
Winter nights are the longest and the coldest

Les fraises sont les plus sucrées :
Strawberries are the sweetest

(La) maison no 4 est la plus confortable : House no 4 is the most comfortable.
(La) maison no 1 est la plus vieille : House no 1 is the oldest.
(La) maison no 4 est la plus belle : House no 4 is the most beautiful one

Drill—Exercice A (leçon 18 en mains)

Je vous donne l'adjectif, donnez-moi le comparatif et le superlatif. Ex. :

Nice — beau	nicer — plus beau	the nicest — le plus beau
Sweet — doux (sucré)	sweeter — plus sucré (doux)	the sweetest — le plus doux
Soft — mou	softer — plus mou	the softest — le plus mou
Young — jeune	younger — plus jeune	the youngest — le plus jeune
cool — (froid) frais	cooler - plus froid	The coolest
thick — épais	Thicker - plus epais	The Thickest
far — loin	Further - plus loin	The furthest
wide — large	wider - plus large	The widest
beautiful — beau	more beautiful - plus beau	The most beautiful
happy — heureux	happyer - plus heureux	The happiest
hot — chaud	hotter - plus chaud	The hottest
wise — rusé (sage)	wiser - plus ruser	The wisest
lazy — paresseux	lazyer - plus paresseux	The lazyest
high — haut	higher - plus haut	The highest
old — vieux	older - plus vieux	The oldest
strong — fort	stronger - plus fort	The strongest

Exercice B : Je vous donne le superlatif : donnez la traduction, l'adjectif, anglais et français. Ex. : The biggest, le plus gros — big, gros.

Superlatif	**traduction**	**adjectif**	**traduction**
The oldest	le plus vieux	old	vieux
the wisest	le plus roset	wise	roser
the happiest	" " heureux	happy	heureux
the shortest	le plus court	short	petit
the best	le meilleur	better	meilleur
the strongest	le plus fort	strong	fort
the tallest	" " grand	tall	grand
the longest	" " long	long	long
the newest	" " nouveau	new	nouveau
the most intelligent	" " intelligent	intelligent	intelligent
the nicest	" " fin	nice	fin
the deepest	" " creux	deep	profond
the worst	le pire	bad	mauvais
the laziest	le plus paresseux	lazy	paresseux

Dites comment sont :

La face no 3 est la plus propre
Face no 3 is the neatest

no 3 est le plus vite. no 3 is the fastest
no 1 est le plus lent. no 1 is the slowest
no 4 est le plus gros. no 4 is the biggest
no 5 est le plus pesant. no 5 is the most pleasant

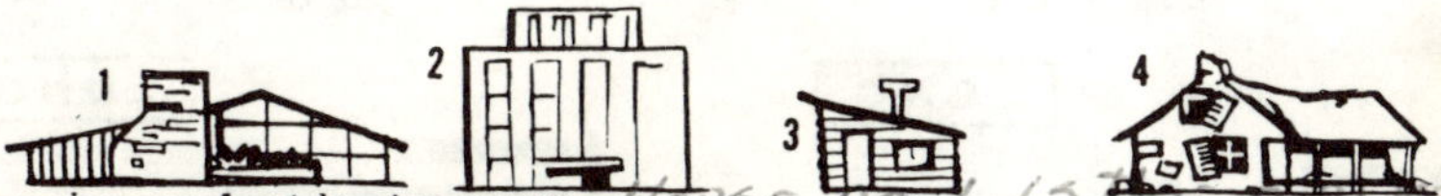

(La) maison no 1 est la plus neuve. House no 1 is the newest
(la) maison no 2 est la plus haute. House no 2 is the biggest
(la) maison no 3 est la plus petite. House no 3 is the smallest
(la) maison no 4 est la plus vieille. House no 4 is the oldest
(la) maison no 1 est la plus confortable House no 1 is the most confortable

20e leçon

Revue du **comparatif** et du **superlatif**

Cette leçon illustre et complète les deux leçons expliquées. A ce qui a été dit, j'ajoute ceci : le **superlatif** et le **comparatif** s'emploient pour le féminin et le masculin en se servant du même mot, car en anglais **l'adjectif est invariable** (ne change pas) et le comparatif et le superlatif sont des adjectifs.

Comparative : comparatif 2 choses : things
animaux : animals
ou êtres : persons

Superlative : superlatif (plus de 2)

TALL

B is taller than A
adj. ER : taller
followed by **than**

TALL

C is the tallest
Tall EST
put **the** in front

NEW

B is newer than A
A is older than B

OLD

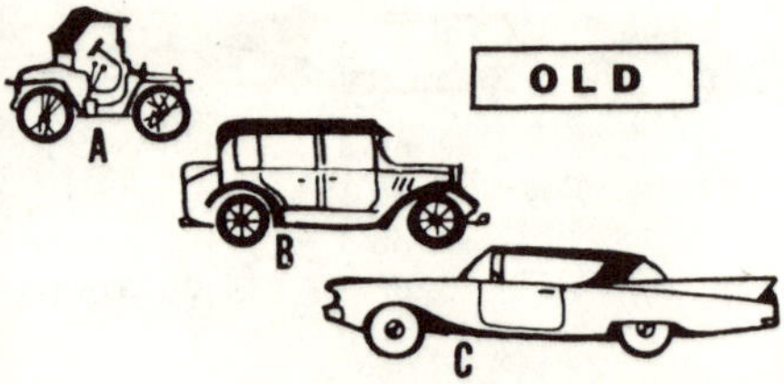

A is the oldest car

LONG

B is longer than A

LONG

C is the longest line

STRONG

Peter

Louis
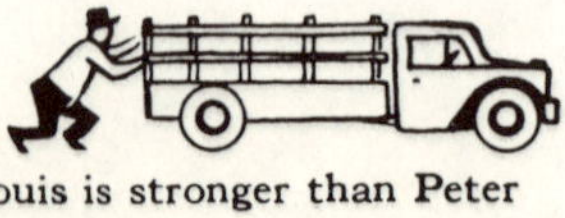

Louis is stronger than Peter

STRONG

Peter

Louis

Joe

Joe is the strongest man

BIG

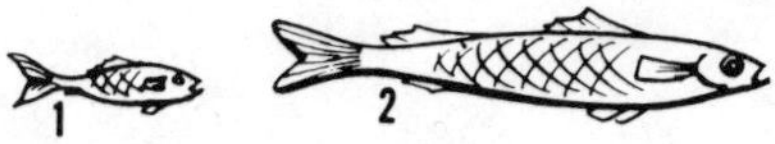

Fish 2 is bigger than fish 1

Comment former le comparatif ?
Adjectif + ER **than**

comparaison de 2 personnes, animaux, choses

Superlatif : j'ajoute à l'adjectif **EST**
the, adjectif + EST

(+) plus que 2 personnes, animaux, choses

Travail personnel

Lisez et traduisez ce texte. Consultez ensuite la traduction et faites les corrections qui s'imposent.

"My father has the biggest and nicest farm in the most beautiful corner of our province. His cows are bigger than ordinary ones; his horses are the strongest of the village. All the children know of my father's apples as they are the nicest ones, the biggest and sweetest apples ever seen."

Mon père a la plus grande et la plus belle ferme dans le plus beau coin de notre province. Ses vaches sont plus grosses que les vaches ordinaires; ses chevaux sont les plus forts du village. Tous les enfants connaissent les pommes de mon père puisque elles sont les plus belles, les plus grosses et les plus sucrées jamais vues.

Question de grammaire :

1. — Je me sers du **comparatif** quand je fais une comparaison entre deux choses, deux animaux, deux personnes
2. — Je forme le comparatif en ajoutant EST à l'adjectif : exemple, **tall** fait TAllEST
3. — Dans une comparaison de plus de 2 personnes, 2 objets, 2 animaux (donc, au moins 3) j'emploie le s. uperlatif
4. — Comment forme-t-on le superlatif ?
R. The + EST
5. — Quel est le petit mot qui précède le superlatif ? R. — The
6. — Le comparatif masculin est-il le même que le comparatif féminin ? R. — oui
7. — Pourquoi ? R. — invariable
Donnez un exemple The best
8. — Le comparatif est toujours suivi de EST
9. — Quel est le comparatif de **bad** ? R. — worst
10. — Quel est le superlatif de **good ?** R. — best
11. — Comment formez-vous le superlatif avec un mot de 3 ou 4 syllabes ?
R. — The most ...
12. — Traduisez : le plus intelligent. R. — The most intelligent

21e leçon

Comme leçon de **vocabulaire,** les dames seront particulièrement intéressées aujourd'hui puisque nous allons étudier ce qui concerne les repas, la cuisine.

stove (sto-ve) poêle

table (té-beul) table

chair (tchèr) chaise

knife (na-if) couteau

fork (faurke) fourchette

spoon (spou-ne) cuiller

saucer (so-seur) soucoupe

cup (coppe) tasse

plate (plé-te) assiette

glass (glace) verre

dish (di-che) assiette ou plat

tray (tré) cabaret

bottle (bo-teul) bouteille

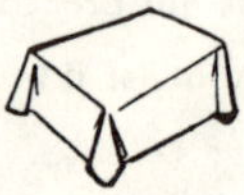
table-cloth (té-beul-cloth) nappe

napkin (nappe-kïne) serviette

frying-pan (fra-ingne-pann) poêle

kettle (kè-teul) bouilloire

pan (pann) poêlon

pot (potte) casserole

tea-pot (ti-potte)
théière

coffee-pot (coffi-potte)
cafetière

toaster (tôs-steur)
grille-pain

Lecture et exercice de traduction :

(veuillez traduire en français sans regarder la traduction plus bas)

It is seven o'clock; it is time to get up. The sun shines; it is a nice day. Leaving my bedroom I go to the kitchen. "Hum, I smell toasts and coffee." I sit at the table and as my wife pours coffee into my cup, with a knife, I put butter on my toasts, and using a fork I put some ham on my plate. With a spoon I take sugar out of a sugar-bowl and I put it into my coffee. On the nearby stove, water is boiling in the kettle, bacon is frying in the frying-pan and the cat is having his usual rest after a good breakfast.

Traduction française :

Il est sept heures, c'est le moment du lever. Le soleil brille; c'est une belle journée. Quittant ma chambre, je vais à la cuisine. "Hum, ça sent les rôties et le café !" Je m'asseois à table, et comme ma femme verse le café dans ma tasse, avec un couteau, je mets du beurre sur mes rôties et, en me servant d'une fourchette, je mets du jambon dans mon assiette. Avec une cuiller, je prends du sucre dans un sucrier et je le mets dans mon café. Sur le poêle tout près, l'eau bout dans la bouilloire, du bacon frit dans la poêle et le chat fait sa sieste habituelle après un bon déjeûner.

Devoir :

Traduire en anglais. (illustration de la lecture)

Il est 8 heures .... it's Eight o'clock ....

Le 'soleil brille .... the son shines ....

Le bacon frit dans la poêle .... the bacon Friyng in the Friyng pan

Je bois une bonne tasse de café .... I drink a good cup of coffey

Le chat se repose (fait sa sieste) sous : **under** la table.

the cat having a rest

Bonjour. Comment ça va ? Hi. How are you Doing?

Je mets du beurre avec un couteau.......

I put butter with a knife

Du jambon : **ham** avec des œufs.......

ham with Eggs

Ma femme verse du café dans ma tasse. my wife pours coffey in my cup

L'eau bout dans la bouilloire (le "canard").......

water boil in the kettle

22e leçon

Vous vous rendez compte vous-même de vos succès, et c'est bien la première et la plus importante des récompenses.

Grammaire

Nous avons vu à date le **comparatif** et le **superlatif.** Aujourd'hui, nous allons terminer cette leçon avec le résultat d'une comparaison : il y aura **égalité** ou **inégalité.**

Regardez bien les dessins : Pierre et Marie sur la même balance.

Egalité

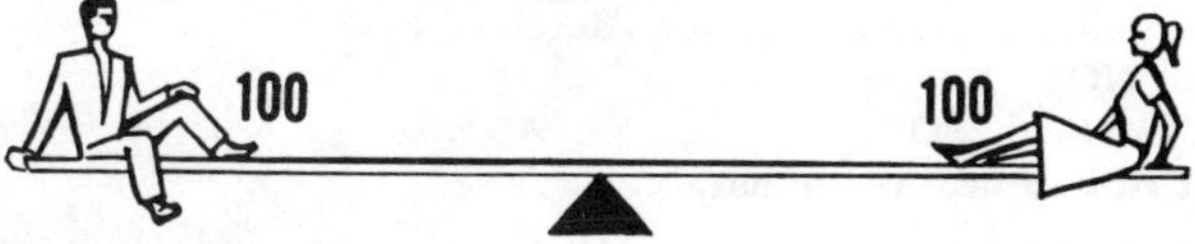

Tous les deux pèsent 100 livres. Il y a égalité. 100 livres = 100 livres.

Pierre est aussi pesant que Marie : Peter is **as** heavy **as** Mary.

Heavy est un adjectif. Dans une "égalité" les deux sont semblables, les deux termes seront donc semblables: As . . . .As

Cet homme est aussi fort que ce cheval.

This man is **AS** strong **AS** this horse. Les termes d'égalité sont donc semblables, je le répète : **AS** (adjectif) **AS**

HOMME = CHEVAL
FORT = FORT
AS = AS

Le train est aussi vite que l'autobus. — The train is **AS** fast **AS** the bus.

Dans ces comparaisons, l'adjectif est entre deux **AS** (adjectif) **AS**.

Inégalité

1. — Pierre n'est pas aussi pesant que Marie.

A bien remarquer :

a) Il y a un NON (pas) dans la phrase. NOT, en anglais.

b) Il n'y a pas d'égalité, alors les deux termes sont différents.

Not so **As**
(la vraie différence)

Peter is **not so** heavy **as** Mary.

NOT SO = AS

2. — Le train n'est pas aussi vite que l'autobus.
a) négation : NOT
b) pas semblables SO . . . . AS
The train is **not so** fast **as** the bus.

3. — L'homme n'est pas aussi fort que le cheval.
a) négation : NOT
b) pas semblables SO . . . . AS
The man is **not so** strong **as** the horse.

Résumé : (pour le masculin comme pour le féminin) même chose, même expression.

égalité : Encadrez l'adjectif (bon, petit, grand, fort, haut, gros, beau, gentille, modeste, vite, etc., entre **AS** . . . . **AS** (deux **as**).

inégalité : Encadrez l'adjectif entre **NOT SO** . . . . **AS**.

Pour préparer la leçon prochaine qui sera une **revue générale** des "comparaisons", revoyons maintenant les adjectifs avec leurs "comparatif et superlatif."

Exemples :

Bon: good . . . . better . . . . the best — **Vite:** fast . . . . faster . . . . the fastest

Sombre: dark . . darker . . the darkest — **Fort:** strong . . stronger . . the strongest

Neuf: . . . . — Vieux: . . . .

Haut: . . . . — Epais: . . . .

Large: . . . . — Grand: . . . .

Beau: . . . . — Heureux: . . . .

Rusé:......... .... Paresseux :....... ....

Confortable:... .... Intelligent:....... ....

Donnez l'égalité :

X est aussi bon que *Z* : **X** is **AS** good **AS** *Z*

est aussi grand que :..

est aussi vieux que :..

est aussi fort que :..

est aussi paresseux que :..

est aussi intelligent que :..

est aussi rusé que :..

est aussi neuf que :..

est aussi vite que :..

est aussi heureux que :..

est aussi large que :..

est aussi intelligente que :..

Donnez l'inégalité :

X n'est pas aussi grand que *Z* : **X** is **not so** tall **as** *Z*

n'est pas aussi bon que :..

n'est pas aussi vieux que :..

n'est pas aussi forte que :..

n'est pas aussi paresseux que :..

n'est pas aussi intelligente que :..

n'est pas aussi rusé que :..

n'est pas aussi neuve que :..

n'est pas aussi vite que :..

n'est pas aussi heureuse que :..

n'est pas aussi large que :..

23e leçon

Schéma des leçons sur les **"comparaisons".**

. . . entre deux personnes, 2 choses, 2 animaux :

1. — **plus** grand, **plus** beau **plus** petit, **plus** vite.

tall**er** nic**er** small**er** fast**er**

adjectif + er "l'un a plus que l'autre"

2. — **superlatif :**

le ou la **plus** grand (e)	the tall**est**
le ou la **plus** beau, belle	the nic**est**
le ou la **plus** petit (e)	the small**est**
le ou la **plus** vite	the fast**est**
adjectif + **est**	"l'un a plus que les autres."

3. — **égalité :** "semblables"

Aussi bon (bonne) que	AS good AS
aussi vieux (vieille) que	AS old AS
aussi grand (e) que	AS tall AS
aussi paresseux (euse) que	AS lazy AS

4. — **inégalité :** "différents"

n'est pas aussi rusé (ée) que	Is not SO wise AS
n'est pas aussi fort (e) que	Is not SO strong AS
n'est pas aussi heureux (se) que	Is not SO happy AS
n'est pas aussi neuf (neuve) que	Is not SO new AS

Remarques :

a) Dans toutes ces comparaisons on emploie les mêmes phrases pour le féminin, le masculin, le singulier et le pluriel (ici le verbe seulement change) car l'adjectif, en anglais, ne change jamais.

b) lazy : lazier, laziest
busy : busier, busiest.

Happy : happier, happiest

la consonne **y** change en **i** pour { comparatif / superlatif }

Termes spéciaux :

Bon : good, better, the best.

Plus : much, more, the most.

Petit : little, less, the least.

Méchant : bad, worse, the worst.

1 ADJECTIF + **ER**

than

2 SUPERLATIF

(the)

ADJECTIF + **EST**

3 ÉGALITÉ

AS - - - AS

4 INÉGALITÉ

Not so - - - As

Remarques:

MORE / MOST > INTELLIGENT

↓

mot de plus de 2 syllabes

irréguliers

bad, worse, worst	good, better, best
late, later, latest	little, less, least
much, more, most	far, farther, farthest

Faire ce travail à l'aide des leçons 22 et 23.

1. — Cette maison n'est pas aussi haute que celle-ci (this one). 2. — Tu n'as pas autant d'argent que Pierre. 3. — Ta route est aussi longue que la mienne (mine). 4. — La journée est aussi froide que la nuit. 5. — Le travail est aussi bon que le repos. 6. — Paul est plus fort que Jean. 7. — Marie est plus belle, plus intelligente, plus grosse que Louise. 8. — Ta bicyclette est aussi neuve que la mienne; . . . n'est pas aussi neuve, elle est plus vieille que la mienne. 9. — La ligne D est la plus longue des 4. 10. — C'est le plus court chemin. 11. — Jeudi a été la journée la plus froide. 12. — Ton devoir (homework) est aussi facile que tes leçons. 13. — Ton frère est plus grand que toi. 14. — J'ai autant d'argent que toi. 15. — Le loup est plus dangereux que l'ours. 16. — L'homme n'est pas aussi fort que le cheval. 17. — Il ne fait pas aussi froid qu'hier. 18. — C'est la saison la plus longue et aussi triste que l'automne.

24e leçon

Nous allons faire une revue, un examen qui vous permettra de voir, personnellement, où vous en êtes rendu.

Additionnez les points sur un total de 50. Jugez vous-même de vos progrès.

A) 5 notes. Re: leçon 3.

Q. — Dites l'heure en anglais. 1 note par bonne réponse.

B) 5 notes. Re: leçon 5.

Mettre au féminin:

a horse ....mare....................

a cock ....Hen....................

a brother ....sisther....................

a husband ....wiFE....................

a son ....Daughter....................

C) 5 notes. Re: leçon 5.

Mettre au masculin:

a cow ....bull....................

a duck ....drakE....................

a calf ....calF....................

a mother ....Father....................

a niece ....nephew....................

D) 5 notes. Re: leçon 9. **Mettre au pluriel:**

day ..Days.., baby ..babies.., tomato ..tomatoes.., wolf ..wolves.., box ..boxes..

E) 20 notes. Re: leçons 9, 10, 11, 12, 13, 15 et 18. **Traduire en anglais:**

yeux........ eyes	Pâques........ Easter
manger........ eat	érables........ Maples tree
mercredi........ wenesday	printemps........ spring
mai........ may	puis-je entrer ?........ can I go in?
souper........ dinner	je puis parler anglais........ can I speak in english
après........ after	scie........ saw
Notre Seigneur........ were god	pinces........ pliers
la glace fond........ The ice	mouchoir........ handkerchief

F) 10 notes. **Mettre le bon mot à la bonne place:**

speak, English, June, teacher, December, lesson, see, Agriculteurs, most, will.

I learn ..English.. with an unknown (inconnu) ..teacher.. since ..June.. 1956 in the nicest and ..most.. interesting magazine "Le Bulletin des ..Agriculteurs..". Every month, from January to ..December.., I study my English ..lesson.. and I ..see.. that I make progress. Soon, thanks to this magazine I ..will.. be able to ..speak.. and write basic English.

Pour cette leçon, vous avez été vous-même le maître et l'élève. J'espère que vous y avez trouvé beaucoup d'intérêt.

25e leçon

Et maintenant, nous allons commencer l'étude du verbe. Voici une liste de mots (verbes) que vous devez apprendre et savoir. Re: leçon 8

Infinitif	(traduction)	**passé**	**participe passé**
To work	travailler	worked	worked
to eat	manger	ate (é-te)	eaten (i-teunn)
to write	écrire	wrote (rau-te)	written (ri-teunn)
to break	briser	broke (brau-ke)	broken (brau-keunn)
to see	voir	saw (sâ)	seen (si-ne)
to leave	laisser, partir, quitter	left (lèff-te)	left
to say	dire	said (sè-de)	said
to go	aller	went (ou-ènte)	gone (go-ne)
to get	obtenir	got	got
to call	appeler	called (kâl-de)	called
to want	vouloir	wanted (ou-ann-teud)	wanted
to do	faire	did	done
to bring	apporter	brought (bro-tte)	brought
to buy	acheter	bought	bought
to come	venir	came (ké-me)	come
to drink	boire	drank (drènke)	drunk
to receive	recevoir	received	received
to make	faire	made	made

Avec l'infinitif, le passé, le participe passé, nous formons tous les temps des verbes, il est donc très important de bien les savoir. Apprenez-les par cœur, et récitez-les entre vous.

Avec l'**infinitif,** on forme le **présent,** le **futur simple** (en ajoutant WILL); le **conditionnel présent** (en ajoutant WOULD).

Exemples

Verbe	**présent**	**futur**	**conditionnel**
to work	I work	I will work	I would work
to eat	You eat	You will eat	You would eat
to write	He writes	He will write	He would write
to break	We break	We will break	We would break
to see	You see	You will see	You would see
to leave	They leave	They will leave	They would leave

Alors, pour le **présent,** on enlève le **to** de **l'infinitif** qu'on remplace par le pronom: je — I; tu — you; il, elle — he, she; nous — we; vous — you; ils, elles — they.

Je vois, I see	Nous voyons, We see
tu vois, You see	Vous voyez, You see
il voit, He sees	Ils voient, They see

Le seul changement au présent, est que, à la 3e personne du singulier, on ajoute un "s".

Exemple II

to work, travailler		manger, to eat	
Je travaille	I work	Je mange	I eat
tu travailles	you work	tu manges	you eat
il travaille	he work**s**	il mange	he eat**s**
nous travaillons	we work	nous mangeons	we eat
vous travaillez	you work	vous mangez	you eat
ils travaillent	they work	ils mangent	they eat

Drill (exercices) Former le **présent** de :

Exercice A

Traduire en anglais		en français	
Je pars	I LEAVE	I want	Je VEUX
tu dis	you say	you receive	tu recois
il vient	He comes	he makes	il Fait
nous buvons	we drink	we write	nous écrivons
vous achetez	you bought	you say	tu dis
ils font	they do	they get	ils prennent

Exercice B

Il dit	He says	He says	it dit
elle dit	she says	he buys	it achete
ils disent	they say	she eats	ELLE mange
elles disent	they say	they come	ils viennent
il mange	HE eats	she comes	ELLE vient
elle mange	she eats	she sees	ELLE voit
ils mangent	they EAT	they see	ils voient
elles mangent	they EAT	they buy	ils achetent

ATTENTION: GO et DO font GOES et DOES, à la 3e personne du singulier, du **présent,** donc à ces verbes, on ajoute **ES :**

il va — he goes (hi-go-ze)
il fait — he does (hi do-ze)
je vais — I go
tu vas — you go
il va — he go**es**
nous allons — we go
vous allez — you go
ils vont — they go

elle va — she goes (chi go-ze)
elle fait — she does (chi do-ze)
je fais — I do
tu fais — you do
il fait — he do**es**
vous faites — you do
ils font — they do

Il faudra remarquer que les auxiliaires ont leurs particularités :

Avoir (To have) et **Etre** (To be)

Avoir (To have)

I have — j'ai
you have — tu as
he has — il a
we have — nous avons
you have — vous avez
they have — ils (elles) ont

Etre (To be)

I am (am) — je suis
you are (arr) — tu es
he is (ize) — il est
we are — nous sommes
you are — vous êtes
they are — ils (elles) sont

Bien faire entendre le **h** dans **have, has**

Exercice C : Je suis I'm....... vous avez you have....... ils ont They have....... elles sont they are....... tu as you are....... elle est she is....... vous avez you have....... vous êtes you are....... elles ont They have....... j'ai I have.......

I have J'ai....... you are tu es....... she has elle a....... they are ils sont....... she is elle est....... he has il a....... we have nous avons....... they have ils ont....... you have tu as....... I am Je suis.......

26e leçon

Dans la dernière leçon, vous appreniez à former le présent avec l'infinitif; toujours avec l'infinitif, nous allons former aujourd'hui le

Futur

1. pronom, plus **WILL,** plus **verbe**

Exemples :

J'aurai — verbe avoir (to have)

I **will** have

Je travaillerai : I will work
tu mangeras : you will eat
il écrira : he will write
nous achèterons : we will buy
vous aurez : you will have
ils feront : they will do

Conditionnel présent

2. pronom, plus **WOULD,** plus **verbe**

J'aurais — verbe avoir (to have)

I **would** have

Je travaillerais : I would work
tu mangerais : you would eat
il écrirait : he would write
nous achèterions : we would buy
vous auriez : you would have
ils feraient : they would do

Vous remarquez donc que, pour former le **futur,** je me sers de **WILL,** plus le verbe à conjuguer; et au **conditionnel présent,** WOULD, plus le verbe à toutes les personnes.

Certains grammairiens font une distinction entre SHALL et WILL. Pour le moment, nous allons utiliser WILL seulement, nous verrons plus tard la nuance.

Courage donc, et faites les exercices suivants avec l'aide de la leçon précédente :

a) Futur

Je partirai	I will LEAVE
tu appelleras	you will call
il voudra	HE will want
nous viendrons	WE will come
vous ferez	you will do
ils iront	they will go

b) Cond. présent

J'obtiendrais	I would have
tu dirais	you would go
il aurait	He would have
nous écririons	WE would write
vous mangeriez	you woud EAT
ils travailleraient	they would work

c) Mettre C pour le conditionnel présent, et F pour le futur

I will do	F
he would call	C
I would want	C
they would drink	C
we will have	F
I would say	C
he will bring	F
you will say	F
he will see	F
they will break	F
I will drink	F
we would have	C
I will say	F
you would leave	C

27e leçon

In this picture we see (nous voyons) a woman in her kitchen. She works near the stove. From the stove she goes to the table because she wants to prepare breakfast for her husband. In ten minutes her husband will get up; he will eat his eggs and drink his coffee because soon he will be leaving for work. M. Leblanc would stay (rester) in bed, and he would not work to-day, but doing so he would not receive his pay and so he would not be able to buy things for the family. The little bird would come into the kitchen but he is afraid of the big cat who sleeps under the table. Outside, the weather is fine because the sun shines and the sky is clear.

Revision des temps et des verbes étudiés sur le texte :

we see — nous voyons
she goes — elle va
he will get up — il se lèvera
he will be — il sera
he would not work — il ne travaillerait pas
he would not receive — il ne recevrait pas
the bird would come — l'oiseau viendrait
he is afraid — il a peur (il est apeuré)
the cat sleeps — le chat dort
the weather is fine — le temps est beau (la température)
the sun shines — le soleil brille

she works — elle travaille
she wants — elle veut
he will eat — il mangera
he would stay — il resterait

Exercice A : Traduisez les phrases ou verbes suivants, d'après les verbes de la lecture:

Je vois ...I SEE...

tu travailles ...you work...

il va ...He goes...

nous voulons ...WE want...

je me lèverai ...I would wake up...

tu mangeras ...you will EAT...

ils seront ...they will are...

je resterais ...I will stay...

tu ne travaillerais pas ...you would not work...

ils recevraient ...they would receive...

il viendrait ...He will come...

j'ai peur ...I'm affraid...

nous dormons ...WE sleep...

le soleil brille ...the sun shines...

Avec le futur j'emploie ...will... et pour le conditionnel présent je me sers de ...would...

Exercice B : En regardant l'image, après avoir lu la phrase, écrivez R (right, juste, droit) si c'est vrai, et W (wrong "rongue", faux) s'il y a erreur :

1. The cat is under the chair ...W...
2. The door is open ...W...
3. It is seven o'clock ...W...
4. The light is on ...W...
5. There are two chairs in the bedroom ...W
6. This is a kitchen ...R...
7. The window is closed ...W...
8. The glass is empty ...W...
9. The coffee-pot is on the table ...R...
10. The woman has two hands ...R...
11. The bread is on the table ...R...
12. The stove is new ...W...

13. The woman's daughter is in the room .... 14. The wife seems happy ....

15. A bird is on the window ....

B Vocabulaire: Revision. "Jeu de devinettes" pour vous reposer un peu... Ajoutez les lettres qui manquent, et traduisez en français :

1ère colonne, mots pris dans les leçons 8, 11, 12, 13, 15
2e colonne, mots pris dans les leçons 16, 17, 18, 20, 21

tr_e	y_ung	g_ft	sha_p ....
pict_re	lig_t	brea_fast	s_all ....
We_nesday	high_r	Jul_	big_er ....
_ellow	heavi_r	slo_	hi_ ....
East_r	o_r	m_ple	m_ne ....
w_ite	r_bbers	wi_ter	gl_ves ....
Aug_st	b_lt	c_n	han_kerchief ....
dr_nk	strong_st	ham_er	d_sh ....
sq_re	bot_le	pli_rs	toa_ter ....

28e leçon

Encore au sujet du **conditionnel,** les Anglais font une différence entre

	WOULD vrai cond.	**SHOULD** cond. de devoir
Ex.: avec		
manger	je mangerais, I would eat	je devrais manger, I should eat
avoir	tu aurais, you would have	tu devrais avoir, you should have
être	il serait, he would be	il devrait être, he should be
travailler	nous travaillerions, we would work	nous devrions travailler, we should work
dire	vous diriez, you would say	vous devriez dire, you should say
voir	ils verraient, they would see	ils devraient voir, they should see
	Cond. de tous les verbes	**Cond.** du verbe **devoir** plus un autre verbe.

COULD cond. de pouvoir

je pourrais manger, I could eat
tu pourrais avoir, you could have
il pourrait être, he could be
nous pourrions travailler, we could work
vous pourriez dire, you could say
ils pourraient voir, they could see
Cond. du verbe **pouvoir,** plus un autre verbe

En d'autres mots, vous remarquerez que **DEVOIR** et **POUVOIR** au conditionnel prennent une autre forme spéciale avec **SHOULD** et **COULD**

Prononciation : would (ou-eude) should (shou-de) prononcez-le vite
could (cou-de) prononcez-le vite.

WOULD conditionnel de tout verbe, plus manger — eat
marcher — walk
dire — say
boire — drink
recevoir — receive

Pierre pense :

"Je mangerais une tarte" — I would eat a pie

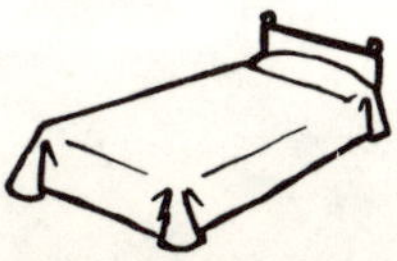

"Je dormirais" — I would sleep

"Je boirais un verre d'eau" — I would drink a glass of water

"Je marcherais jusqu'à l'église" — I would walk to the church.

Pierre dit :

"Je **devrais** manger une tarte" — I should eat a pie

"Je **devrais** dormir" — I should sleep

"Je **devrais** boire un verre d'eau" — I should drink a glass of water

"Je **devrais** marcher jusqu'à l'église" — I should walk to the church.

ou encore :

"Je **pourrais** manger une tarte" — I could eat a pie

"Je **pourrais** dormir" — I could sleep

"Je **pourrais** boire un verre d'eau" — I could drink a glass of water

"Je **pourrais** marcher jusqu'à l'église" — I could walk to the church.

Comme travail personnel, prenez la liste des verbes de la 25e leçon, et conjuguez-les

1. au présent,
2. conditionnel (vrai)
3. cond. **pouvoir,** plus verbe
4. cond. **devoir,** plus verbe.

29e leçon

Joyeux Noël ! Merry Christmas ! La leçon est inspirée de cette belle fête, et je crois qu'elle vous intéressera. Voici tout d'abord une lecture:

CHRISTMAS

We are in December. Nature looks dead but it is only asleep. No leaves on the trees except on evergreens. Even if nature is dark and cold, joy is in our hearts. "Christmas, at last, with all its gifts and good wishes." The whole world will stop to be busy for a second so to pray and thank Our Lord for all the good things He gave us during this year. Soon boys and girls will gather around the Christmas tree. Some boys will have their dreams come true, others will keep on dreaming things they wished but did not get... and so the world will always be. Old and young will extend wishes for the New Year: wishes as old as the world can be and still "up-to-date' during the Christmas season. When we will hear the Merry sounds of bells which will announce the birth of the Divine Child, a common prayer "Gloria in Excelsis Deo" will go to Heaven.

VOCABULAIRE :

dead — mort
heart — cœur
at last — enfin
gifts — cadeaux
wishes — souhaits
Christmas tree — arbre de Noël
dreams come true — réalisations des rêves
Heaven — ciel
the whole world — le monde entier
Our Lord — Notre-Seigneur
things — choses
will gather — se rassembleront
up-to-date — à la mode, au goût du jour
bells — cloches
New Year — nouvelle année
Christmas — Noël
the birth of the Divine Child — la naissance du Divin Enfant

1) Trouvez le contraire de :

dead........ birth
last........ First
asleep........ get up
good........ bad
night........ morning
soon........ laTE
young........ old
merry........
common........ different
Heaven........ HEll
he........ she
boys........ girls
dark........ light
new........ old
cold........ hot
always........ NEVEr

Répondez par un mot, cherchant les réponses dans le texte de la lecture

1 — What is the title of the lesson ? .... christmas ....

2 — In what month are we ? .... DECEMBER ....

3 — How is nature ? .... asleep ....

4 — What do we have in our hearts ? .... Joice ....

5 — The whole world will stop to be .... BUSY ....

6 — We pray .... our Lord .... for all the good things He gave us.

7 — What do we hear during the night that will announce the birth of Our Lord ? ... belt

8 — How is the prayer that will go to Heaven ? .... bad ....

9 — Where does the prayer go ? .... Heaven ....

10 — Christmas is in the month of .... DECEMBER ....

3) Mettez les verbes au conditionel présent

nature looks .... would look ....

He will pray .... would pray ....

boys will gather .... would gather ....

I go .... would go ....

I will stop .... would stop ....

He gave .... would gave ....

I hear .... would HEAR ....

I pray Our Lord .... would pray our Lord ....

GRAMMAIRE

Nous avons étudié le présent, le futur et le conditionnel du verbe, dans cette leçon nous allons introduire le passé. Voyons ensemble les verbes de la leçon :

to look — regarder
to be — être
to pray — prier
to gather — rassembler
to keep — garder, conserver
to hear — entendre
to go — aller
to sleep — dormir
to stop — arrêter
to give — donner
to have — avoir
to get — obtenir
to announce — annoncer

Pour poser la question, au temps passé (hier, la semaine passée, le mois dernier) on met DID devant le verbe. Exemples :

As-tu regardé ? Did you look ?
A-t-il dormi ? Did he sleep ?
Ai-je arrêté ? Did I stop ?
Avez-vous prié ? Did you pray ?
Ont-ils donné ? Did they give ?
Avons-nous entendu ? Did we hear ?

C'est assez facile comme vous le voyez. Faites donc le petit exercice suivant :

Ai-je regardé ? .... Did I LOOK ....

A-t-il entendu ? .... Did HE HEAR ....

Avez-vous eu ? .... Did you have ....

As-tu obtenu ? .... did you got ....

Avons-nous obtenu ? .... did we !! ....

Ont-ils été ? .... did they are ....

30e leçon

Grammaire : (Grammar)

Pour continuer l'étude du verbe, nous allons voir aujourd'hui, le temps le plus difficile, il faut l'apprendre. Il n'y a pas de règles ou de trucs. Voici une liste de verbes irréguliers :

	infinitif	**passé**	**participe**
manger	to eat	ate	eaten
venir	to come	came	come
dormir	to sleep	slept	slept
avoir	to have	had	had
être	to be	was	been
penser	to think	thought	thought
lire	to read	read	read
écrire	to write	wrote	written
boire	to drink	drank	drunk
trouver	to find	found	found
donner	to give	gave	given
entendre	to hear	heard	heard
garder	to keep	kept	kept
voir	to see	saw	seen
parler	to speak	spoke	spoken
rester	to stay	staid	staid
prendre	to take	took	taken
dire	to tell	told	told
porter (vêtement)	to wear	wore	worn
faire	to do	did	done
choisir	to choose	chose	chosen
tomber	to fall	fell	fallen
connaître	to know	knew	known
dire	to say	said	said
envoyer	to send	sent	sent

Pour le passé, vous ajoutez donc aux mots de la liste (passé antérieur, 2e colonne) I, you, he, she, we, they, selon le cas. Exemples :

"Je mangeai une tarte entière" (en parlant de la semaine passée)
I ate a whole pie.

Je vis Paul : — I saw Paul.

Il prit l'avion : — He took the airplane.

Ils choisirent le Pape : — They chose the Pope.

Nous trouvâmes la porte ouverte : — We found the door open.

Ou encore, avec un verbe comme j'ai mangé, j'ai dit, tu as fait... mais dont l'action est complètement passée :

1) Hier soir, j'ai mangé une belle tarte. (C'est fini, hier soir et la tarte...) Last night I ate a nice pie.

2) Le mois dernier j'ai vu un beau film.
Last month I saw a good film. (deux choses passées).

3) Mon père a bâti une maison cette année. (maison et année sont finies). This year my father built a house.

4) Last Sunday I gave a meal to my friends. (dimanche et repas sont finis).
Dimanche dernier, j'ai donné un repas à mes amis.

31e leçon

Nous allons continuer le sujet entrepris. Il était question des verbes irréguliers et des quelques difficultés qu'ils peuvent présenter.

Voici quelques autres exemples :

1) J'ai dit à Pierre de partir (J'ai dit — Pierre est parti : deux actions passées.)

I told Peter to go away.

2) La semaine passée, j'ai bu un gallon d'eau. (la semaine est passée, l'eau aussi : les deux choses sont finies.)

Last week, I drank a gallon of water.

3) J'ai connu le Pape Pie XII. (c'est du passé, puisque le Pape dont il est question est mort.)

I knew the Pope Pius XII.

1876-1958

Les verbes réguliers comme : **to walk** (ou-â-ke) marcher

to call (called)	**to wash** (washed)	**to open** (opened)
(câ-ll)	(ou-a-che)	(au-peune)
appeler	laver	ouvrir

prennent ED pour former le passé.

Ce sont les verbes **réguliers,** notez bien.

Ex. : J'ai marché un mille hier.

Yesterday I walked one mile.

Vous l'avez appelé le 17.

You called him on the 17th.

Il a lavé mon auto la semaine passée.

He washed my car last week.

C'est le dictionnaire qui vous donnera la forme **régulière** ou **irrégulière** du verbe.

Voici quelques exercices pour pratiquer un peu ce que vous venez d'apprendre.

A.) Traduire en anglais :

La semaine passée, je mangeai chez mon frère,
tu m'appelas pour me dire bonjour,
il partit pour Toronto,
ils choisirent un nouveau président.

last week I ate (chez) my brother
you called me to say hi
he went to Toronto
they choose a new president

Le mois dernier j'ai envoyé une lettre à mon frère,

tu as vu le mauvais temps que nous avons eu,

il a pris le bateau pour l'Europe,

nous avons marché jusqu'au village,

vous avez lavé le linge,

ils ont été malade.

Last month I seem a letter to my brother

Did you see the bad weather that we got

he took the boat to Europe

we had walk to the country

you washed the clothes

they was ill

B) Traduire en français :

While you were working in your new house, I saw the carpenter, I spoke to the plumber, the painters came, Peter washed the windows, John called and said to pay for the wood, your father came and slept all morning.

Pendant que tu travaillait dans ta nouvelle mai-
son, j'ai vu l'arpenteur, il parlait avec le
plombier, le peintre est venu, Pierre lavait
les fenêtres, John appelait et disait de payer
pour le bois, ton pere est veno et a dormit tout la mati-
née

Je pense que vous aurez du plaisir à faire ces exercices, et que vous réussirez parfaitement, même s'il faut chercher un peu, fouiller dans les leçons précédentes, ou consulter le dictionnaire.

32e leçon

Petite étude illustrée

it is summer
it is a nice day
it is warm
it is very hot

it is spring
it is cloudy
it is cool

it is winter
it is cold
it is snowing

it is fall
it is raining
it is windy
it is dark

L'expression : **it is** veut dire : c'est, il fait...

il fait beau	it is a nice day
il fait froid	it is cold
il fait frais	it is cool
il fait noir (sombre)	it is dark
c'est l'hiver	it is winter
c'est l'automne	it is fall
c'est le printemps	it is springtime
c'est l'été	it is summer
il pleut	it is raining
il neige	it is snowing
il vente	it is windy

Verbes : Nous allons étudier le futur. C'est très facile. Ne songez qu'à WILL (futur) pour le moment, oubliez le SHALL. Ex. :

Je mangerai (eat) I will eat	nous aurons (have) we will have
tu viendras (come) You will come	vous serez (be) you will be
il dormira (sleep) He will sleep	ils travailleront (work) they will work.

Alors, c'est entendu, pour former le "futur", on se sert du WILL.

33e leçon

DEVINETTES

À votre intention, j'ai cherché et traduit pour vous des verbes, parmi les plus usuels. C'est un travail de lecture et de mémorisation. Remarquez les formes des verbes. Relisez les leçons précédentes. Il serait bon de cacher la partie française pour "deviner" la partie anglaise, et vice-versa. Conservez bien cette leçon, et apprenez-la par coeur.

PRÉSENT

Je travaille :	**I work**
tu manges :	**you eat**
il écrit :	**he writes**
elle brise :	**she breaks**
nous voyons :	**we see**
vous partez :	**you leave**
ils disent :	**they say**
I go :	**je vais**
you get :	**tu obtiens**
she calls :	**elle appelle**
we want :	**nous voulons**
you do :	**vous faites**
they bring :	**ils, elles apportent**
she buys :	**elle achète**
they buy :	**ils, elles achètent**

FUTUR

I will drink :	**je boirai**
you will receive :	**vous recevrez**
he will make :	**il fera**
we will say :	**nous dirons**
he will go :	**il ira**
she will say :	**elle dira**
they will leave :	**ils, elles partiront**
I will see :	**je verrai**
j'écrirai :	**I will write**
tu mangeras :	**you will eat**
elle partira :	**she will leave**
nous obtiendrons :	**we will get**
vous voudrez :	**you will want**
ils feront :	**they will do**
elle apportera :	**she will bring**

PASSÉ (action finie)

As-tu travaillé ? Did you work ?
A-t-il envoyé ? Did he send ?
Avez-vous mangé ? Did you eat ?
Est-ce que j'ai appelé ? Did I call ?
Je mangeai : I ate
Tu dis : You said
Elle vint : She came
Il prit : He took
Nous trouvâmes : We found
Ils virent : They saw
As-tu vu ? Did you see ?
He gave : il donna

CONDITIONNEL

Je travaillerais : I would work
You would send : tu enverrais
Il mangerait : he would eat
Nous appellerions : we would call
Vous mangeriez : You would eat
Ils diraient : They would say
She would come : elle viendrait
I would take : je prendrais
He would find : il trouverait
Ils verraient : they would see
I would give : je donnerais
Suite du PASSÉ verbes réguliers

Did he give ? A-t-il donné ?
They wrote : ils écrivirent
Did they write ? Ont-ils écrit ?
I told : je dis
Did I tell ? Est-ce que j'ai dit ?
You found : tu trouvas
Did you find ? As-tu trouvé ?

I worked : je travaillai
I have worked : j'ai travaillé
Did you work ? As-tu travaillé ?
You walked : tu marchas
You have walked : tu as marché
Did you walk ? As-tu marché ?

Suite du Passé (Voir la 30ème leçon — 3e colonne des verbes

Action pas complètement finie

J'ai mangé : I have eaten
Tu as écrit : You have written
Il a vu : He has seen
Elle a pris : She has taken

Participe

Nous avons fait : We have done
Vous avez choisi : You have chosen
Ils ont connu : They have known
Elles ont dit : They have said

Forme du passé : **j'avais mangé**

I had written : J'avais écrit
You had seen : Tu avais vu
He had chosen : Il avait choisi
We had said : Nous avions dit
You had done : Vous aviez fait
They had taken : Ils, Elles avaient pris

J'ai gardé : I have kept
Tu as vu : You have seen
J'avais gardé : I had kept
Tu avais vu : You had seen
Il a entendu : He has heard
Il avait entendu : He had heard

Cette leçon est en quelque sorte le résumé des leçons portant sur les **verbes** Consultez souvent cette liste, faites des comparaisons entre le **présent,** les **passés,** le **futur**, le **conditionnel**, et voyez les différences marquées entre ces temps. Rappelez-vous que **Do** (présent), **Did** (passé), **Will** (futur), **Would** (cond.) au début d'une phrase servent à poser une question.

Tout cela est assez facile à comprendre, n'est-ce pas ?

34e leçon

Voici du nouveau. Vous allez apprendre aujourd'hui quelques petits mots importants. Suivez bien les dessins:

il y a 1 pomme dans ce panier

there is one apple in this basket.

il y a des pommes dans ce panier

there are apples in this basket.

il y avait 1 pomme sur la table

there was one apple on the table

il y avait des pommes sur la table

there were apples on the table.

IL Y A + nombre, singulier

there is a car

there is a boy

there is a house

there is a dollar

there is a tree

IL Y A + nombre, pluriel

2 et +

there are 2 apples

there are 3 cars

there are 5 men

there are 7 days in 1 week

there are 5 fingers in 1 hand

IL Y AVAIT + nombre singulier

there was a boy

1 fois, there was once

there was a house

there was a dollar

il y avait un beau soleil:
there was a nice sun

Il Y AVAIT + nombre pluriel

2 et + there were apples

Il y avait plusieurs personnes tuées :
there were many persons killed

Il y avait 3 bateaux dans la course :
there were 3 boats in the race

Il y avait plusieurs maisons :
there were many houses.

"Drill"

1. Il y a un homme pour vous : There is a man for you
2. Il y a du travail à faire : There is some work to do
3. Il y a des enfants dans l'école : There are children in the school

4. Il y a une lettre pour vous : There is a letter for you

5. Il y a un appel pour vous : There is a call for you

6. Il y a de la place : There is some room
7. Il y avait 1 fois : There was once

8. Il y avait une maison ici : There was a house here
9. Il y a des choses que vous devez savoir :
There were things that you should know

10. Il y a deux fenêtres dans cette chambre :
There were two windows in this room

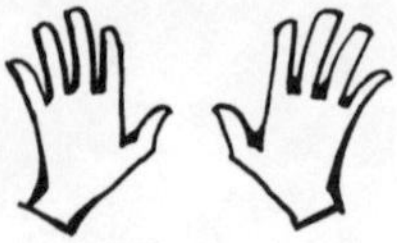

11. Il y a dix doigts : There are ten fingers.

Lecture : Regardez bien l'image pour la compréhension du texte.

1. Dans cette maison : — In this house

il y a deux portes	there are two doors,
il y a sept fenêtres	there are seven windows,
il y a une cheminée	there is one chimney,
il y a des lits	there are beds
il y a des chaises	there are chairs
il y a des gens	there are persons.

2. Devant la maison : — In front of the house

il y a deux autos	there are two cars,
il y a deux garçons jouant ensemble	there are two boys playing together,
il y a deux arbres	there are two trees
il y a une borne-fontaine	there is one hydrant.

3. A la place de cette maison : — Instead of the house

il y avait un champ	there was a field,
il y avait des arbres	there were trees,
il y avait une ferme	there was a farm,
il y avait des cultivateurs	there were farmers,
il y avait un cheval	there was a horse,
il y avait des cochons	there were pigs
il y avait deux vaches	there were two cows,
il y avait des poules	there were chickens.

D'autres leçons sur la même "façon d'étudier" vont suivre. Je crois qu'elles vous aideront à faire des progrès rapides et à vous faire aimer davantage cette langue.

35e leçon

Je crois que les leçons sont bien vivantes et que vous devez y prendre de plus en plus d'intérêt.

Aujourd'hui, vous allez faire connaissance avec **WHOSE** (hou-ze) qui veut dire: A qui est... A qui appartient et **WHO** (hoù) qui ?

Whose car is this?
A qui appartient cet auto (ce char) ?

Whose hat is this ?
A qui ce chapeau ?

Whose house is this ?
A qui appartient cette maison ?

Whose book is this ?
A qui appartient ce livre ?

Whose pencil is this ?
A qui ce crayon ?

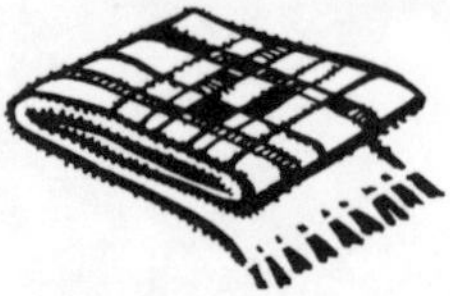

Whose scarf is this ?

A qui ce foulard ?

Cherchez à répondre, en regardant bien le dessin :

1.	Whose house is this ?	**Réponses :**	Henry's house.
2.	Whose car is in front of the house ?		Henry's car.
3.	Whose cat is under the table ?		Henry's cat.
4.	Whose dog is in the room ?		Henry's dog.
5.	Whose table is that ?		Henry's table.
6.	Whose hat is on the chair ?		Henry's hat.
7.	Whose shoes are under the chair ?		Henry's shoes.
8.	Whose fork, knife and spoon are on the table ?		Henry's spoon, fork and knife.
9.	Whose chair is that ?		Henry's chair.
10.	Whose books are on the shelf ?		Henry's books.

Vous devez donc employer le mot WHOSE pour demander à qui appartient tel objet. **'s** vous rappelle le cas du **possessif :** Henry's hat : le chapeau de Henri. Henry's car : l'auto de Henri. Henry's dog, cat, room, shoes...
Le chien, le chat, la chambre, les souliers de Henri...

Conversation, ou questions sur l'image :

1. Who is the man in the room ?
2. Who is under the table ?
3. What do you see through the window in front of the house ?
4. How many doors do you see ?
5. What is the name of the person in this picture ?
6. Is the hat on, over, or under the chair ?
7. Whose dog is near the table ?
8. Whose car is in front of the house ?
9. In Henry's hands, there is a ....
10. Henry has how.many legs (combien).
11. Where are the books ?
12. Whose books are on the shelf ?

Réponses : 1. Henry 2. the cat 3. a car 4. one 5. Henry 6. on the chair 7. Henry's dog 8. Henry's car 9. Key 10. two legs 11. on the shelf 12. Henry's books.

WHO — ? — qui ?
Who is there ? Qui est là ?
Who are you ? Qui es-tu ?
Who called me ? Qui m'a appelé ?
Who wants milk ? Qui veut du lait ?
Who comes to-night ? Qui vient ce soir ?
WHO (hoù) qui ?

36e leçon

Pour continuer l'étude des mots nouveaux, nous allons étudier aujourd'hui le mot WHERE (ou-èrr) qui signifie: où.

Je vous pose des questions . . . vous pouvez trouver les réponses d'après l'image:

Questions :	Réponses :
1. Where is the car?	In front of the Bank
2. Where is the boy?	In front of the house.
3. Where is the horse?	In front of the grocery.
4. Where is the airplane?	In the air.
5. Where is the bus going?	To Ottawa.
6. Where is the church?	After the grocery store.

D'après tous ces exemples, vous avez pu noter que pour dire : **Où,** interrogatif, on utilise le mot anglais : WHERE. Vous allez constater maintenant que le mot **"où",** dans une réponse, ou dans une phrase se traduit aussi par WHERE :

The place **where** I live is not far from here : L'endroit **où** j'habite n'est pas loin d'ici.

Ne viens pas **où** je travaille, car c'est dangereux : Do not come **where** I work because it is dangerous.

Je ne sais pas **où** tu vas ni d'**où** tu viens : I don't know **where** you **are going** or **where** you come from.

Je suis allé **où** tu m'as dit d'aller : I went **where** you told me to go.

C'est une nouvelle maison **où** tu habites : It is a new house **where** you live.

Si tu prends la route **où** il y a l'église, tu prendras la bonne route : If you take the road **where** is the church, you take the right way.

Cette leçon est très importante mes chers élèves, elle vous donnera certainement le goût d'essayer à former des phrases personnelles, si vous lisez et relisez bien tout ce texte. Je crois que vous trouverez bien des occasions d'appliquer ces phrases. Parlez entre vous, parents et enfants, à la maison. Surveillez bien la prononciation. Vous êtes sur la voie du progrès.

37e leçon

Je suis certain que vous aimerez apprendre des mots nouveaux. Voici d'abord: How *(ha-o)*

Ce mot "HOW" *appelle toujours un autre mot, soit:* Many *(mè-né) soit* Much *(mâ-tch), et alors il veut dire:* **Combien.**

Suivez bien les dessins et vous allez vite saisir la différence, entre "How much" et "How many".

How many fingers in my hand ?		**Combien de doigts dans ma main ?**
How many days in a month ?		**Combien de jours dans le mois ?**
How many boys do you see ?		**Combien d'enfants voyez-vous ?**
How many bags do you want ?		**Combien de sacs voulez-vous ?**
How much water do you want ?		**Combien d'eau veux-tu ?**
How much (long) time do you give me ?		**Combien de temps me donnes-tu ?**
How much money do you want ?		**Combien d'argent veux-tu ?**
How much sugar do you want ?		**Combien de sucre veux-tu ?**

Vous constatez n'est-ce pas, que **how many** (fingers, days, boys, bags) se placent devant un nom pluriel, tandis que **how much** (water, time, money, sugar) précèdent un nom singulier.

How MANY...............  (boys) nom pluriel

How MANY...............  (fingers) nom pluriel

How MANY...............  (bags) nom pluriel

How MANY...............  (days) nom pluriel

How MUCH............... (water) nom singulier

How MUCH............... (money) nom singulier

How MUCH............... (time) pour (how long) nom singulier

How MUCH............... (sugar) nom singulier

Ainsi, quand vous voulez poser une question : **Combien** . . . . . . au pluriel, servez-vous de : **How many.** C'est compris ?

Combien . . . . . . au singulier, servez-vous de : **How much.**

Attention ! "How" peut être utilisé seul, mais alors il prend le sens de **Comment.** Exemples : How do you do ? — Comment allez-vous ?

How do you feel ? — Comment te sens-tu ? ou Comment vous sentez-vous ?

How is your father ? — Comment est votre (ton) père ?

How do you do it ? — Comment le faites-vous ? (le fais-tu ?)

This is how you do it ? — Vous faites comme ceci ?

Vous constatez donc que le mot "how", seul, est placé près du verbe, sans accompagnement de "many" ou "much".

Exercice :

Répondre aux questions :

1. **How many windows has the classroom ? R.** .... four
2. **How many boys are standing in front of the class ? (standing : sont debout) R.** .... Three
3. **How many boys are seated (assis) ? R.** .... Five
4. **How many doors do you see ? R.** .... one
5. **How many boys are in the back of the class ? R.** .... four

Voir réponses p. 155.

The teacher is asking the boys: How many fingers do you have ? R. .... Ten
How is your father ? R. .... well
How old are you ? R. .... seventeen
How many trees .... four .... **how many apples** .... Three
how many cars .... two .... **do you see on the blackboard (tableau) ?**

Now, the teacher said to Paul :
This is how you divide. R. .... 25 by 5
This is how you multiply. R. .... 42 by 12
This is how you add. R. .... 42 + 12

Expressions courantes :
How are you ? — Comment allez-vous ? ou Comment êtes-vous ?
How do you do ? — Comment ça và ?
How old are you ? — Quel âge avez-vous ?

38e leçon

Et maintenant, un autre petit mot très important :

? WHAT

Que, interrogatif
Qu'est-ce que
Que (dans une phrase, sans poser la question)

What is this ? (Qu'est ceci ?)

R. — It is a telephone. C'est un téléphone.

What is your phone number ?
(Quel est votre numéro de téléphone ?)

What is your name ? — Quel est votre nom ?

What is your address ? Quelle est votre adresse ?

What do you want ? — Que voulez-vous ?

What did you say ? — Qu'avez-vous dit ?

Quand vous voulez poser une question pour dire : Qu'est-ce que... ou Quel... Que..., vous traduisez par **WHAT** (ou-atte).

What is this ?

Qu'est-ce que ceci ?

It is a key.

C'est une clef.

What is in my hand ?

It is a twenty-five cents.

Qu'est-ce qu'il y a dans ma main ?

C'est un 0.25

What number is this ? — Quel est ce numéro ?

What do you want ? — Que voulez-vous ?

What is this ? — Qu'est-ceci ?

It is a snake. — C'est une couleuvre.

What is this ? — It is a glass.

Qu'est ceci ? — C'est un verre.

What do you do with that ? — Que faites-vous de celà ?

What do you put in it ? — Que mettez-vous dans le verre ?

What do you drink ? — Que buvez-vous ?

What are you looking for ? — Que cherchez-vous ?

Bureau — What can I do for you?

Caissier — Que puis-je faire pour vous ?

This is what was in the bag. — C'est **ce qui** était dans le sac.

This is what I said. — Ceci est **ce que** j'ai dit.

Tell me what you want. — Dis-moi (dites-moi) **ce que** tu veux (vous voulez).

They want **what** you have in the basket. — Ils veulent **ce que** vous avez dans le panier.

Maintenant que vous connaissez le "what", voici une liste d'expressions courantes où vous le rencontrerez, et qu'il serait bien d'apprendre par cœur :

1. — What are you saying ? — Que dites-vous ?

2. — What do you want ? — Que voulez-vous ?

3. — What colour is your dress ? — Quelle est la couleur de votre robe ?

4. — What number please ? — Quel numéro s'il-vous-plaît ?

5. — What is your name ? — Quel est votre nom ?

6. — What is your address ? — Quelle est votre adresse ?

7. — What do you think ? — Que pensez-vous ?

8. — What do you say ? — Que dites-vous ?

9. — What would you do ? — Que feriez-vous ?

10. — What do I care ? — Qu'est-ce que celà me fait. Ou : Peu m'importe.

11. — What are you looking for ? — Que cherchez-vous ?

12. — What do you know ? — Que savez-vous ?

13. — What kind do you want ? — Quelle sorte désirez-vous ?

14. — What can you do ? — Que peux-tu faire ? Que pouvez-vous faire ?

15. — What are you talking about ? — Que dis-tu ? De quoi parlez-vous ?

16. — What are you doing ? — Que faites-vous ? Que fais-tu ?

Quand vous saurez toutes ces phrases de mémoire, vous aurez bien profité de votre leçon. Et ce n'est pas si difficile, surtout si vous les pratiquez entre vous, dans la famille, ou avec vos amis.

39e leçon

Nous allons faire une leçon sur les verbes. Vous vous souvenez de ce que vous avez déjà étudié ? Voici la forme négative, *NOT, avec le verbe:*

Présent A

	I am **not** sick	Je ne suis pas malade
	You are not tall	Tu n'est pas grand
1. —	I have not the money	Je n'ai pas l'argent
	He has not the ball	Il n'a pas la balle
	I do not eat	Je ne mange pas
	He does not work	Il ne travaille pas

Passé B

	I was not sick	Je n'étais pas malade
	You were not tall	Tu n'étais pas grand
2. —	I had not the ball	Je n'avais pas la balle
	He had not the money	Il n'avait pas l'argent
	I did not eat	Je n'ai pas mangé
	He did not work	Il n'a pas travaillé

1. — 2. — Vous pouvez constater que seuls **avoir** et **être** sont réellement négatifs; tous les autres verbes, au présent ou au passé, pour devenir négatifs, se servent de **do not, did not.**

Futur C

I will **not** be sick	Je ne serai pas malade
You will not be afraid	Tu n'auras pas peur
I will not have time	Je n'aurai pas le temps
He will not have the money	Il n'aura pas l'argent
She will not drink milk	Elle ne boira pas de lait
They will not eat bread	Ils ne mangeront pas de pain

Conditionnel D

I would **not** eat	Je ne mangerais pas
You would not be afraid	Tu n'aurais pas peur
I would not have time	Je n'aurais pas le temps
She would not have the money	Elle n'aurait pas l'argent
They would not drink	Ils ne boiraient pas
We would not eat	Nous ne mangerions pas

Maintenant, nous allons voir les formes spéciales du **négatif**

don't (présent) mis pour **do not**
didn't (passé) mis pour did not
won't (futur) mis pour will not

Cette forme est très correcte et grammaticalement bonne. Voici quelques exemples :

Présent

I do not eat: I don't eat	Je ne mange pas
You do not understand: You don't...	Tu ne comprends pas
He does not listen: He doesn't listen	Il n'écoute pas
(3e pers. sing. prés: **do — does — doesn't**	
We do not say: We don't say	Nous ne disons pas
You do not have: You don't have	Vous n'avez pas
They do not know: They don't know	Ils ne savent pas

Prononciation : don't (dau-t-ne) doesn't (dozen-te)

Passé "did not" — didn't

I did not eat: I didn't eat	Je n'ai pas mangé
You did not write: You didn't write	Tu n'as pas écrit
He did not listen: He didn't listen	Il n'a pas écouté
We did not say: We didn't say	Nous n'avons pas dit
You did not have: You didn't have	Vous n'avez pas eu
They did not know: They didn't know	Ils n'ont pas su

didn't (di-dennt)

Futur "will not" devient won't

I will not eat: I won't eat	Je ne mangerai pas
You will not write: You won't write	Tu n'écriras pas
He will not listen: He won't listen	Il n'écoutera pas
You will not say: You won't say	Vous ne direz pas
We will not have: We won't have	Nous n'aurons pas
They will not know: They won't know	Ils ne sauront pas

will not: won't (oueu-nte)

Comme devoir, il n'y a rien de mieux que de bien mémoriser ces temps de verbe vous verrez que cela vous rendra service dans la conversation.

40e leçon

Vos progrès en langue anglaise seront marqués si vous portez beaucoup d'attention à vos cours.

Voici deux mots nouveaux à notre vocabulaire, deux mots importants pour questionner et répondre: **Why . . .?** *(ou-a-i)* **Because** *(bi-kauze).*

1. Why do you sleep ? — Because I am tired.

Pourquoi dormez-vous ? — *Parce que je suis fatigué.*

2. Why do you eat ? — Because I am hungry.

Pourquoi mangez-vous ? — *Parce que j'ai faim.*

3. Why are you leaving ? — Because it is late.

Pourquoi partez-vous ? — *Parce qu'il est tard.*

4. Why are you crying ? — Because I feel sick.

Pourquoi pleurez-vous ? — *Parce que je suis malade.*

5. Why are you standing up ? — Because I have no chair.

Pourquoi êtes-vous debout ? — *Parce que je n'ai pas de chaise.*

Why ? (ou-a-ï) **Pourquoi,** dans une question.

Because (be-kauze) **Parce que,** dans une réponse.

DRILL :

1. Why are you going to school ?
Pourquoi ....vas tu.............. à l'école ?

R. Because I want to learn.
.car.................. je veux apprendre.

2. Why do you sell your car ?
...pourquoi....vendez-vous votre auto ?

R. Because I want a new one.
...parce-que.... j'en veux une neuve.

3. Why are you going to church ?
Pourquoi allez-vous à......l'eglise...... ?

R. Because it is Sunday.
Parce que c'est...dimanche.........

4. Why did you buy a new T.V. ?
Pourquoi as-tu acheté... une nouvelle T.V. ?

R. Because my old one was out of order.
.....car..... la vieille était en mauvais ordre.

5. Why did you put on your new suit ?
...pourquoi...avez-vous mis votre habit neuf ?

R. Because it is Sunday.
.......car.................. c'est dimanche.

6. Why were you late last night ?
...pourquoi..... étiez-vous en retard hier soir ?

R. Because I worked till twelve.
.....car......j'ai travaillé jusqu'à minuit.

7. Why do we not see ?
....pourquoi........ ne voyons-nous pas ?

R. Because our eyes are shut.
Parce que nos ...yeux........ sont fermés.

8. Why the birds are on the tree ?

. . . . .sont sur l'arbre ?

R. Because the cat is there.

. . . . le chat est là.

9. Why do you bring your umbrella ?

. . . . .portez-vous votre parapluie ?

R. Because it is going to rain.

Parce qu'il va. . . . .

10. Why do you read the Bulletin ?

. . . . lisez-vous Le Bulletin ?

R. Because it is the nicest magazine.

. . . . c'est la plus belle revue.

Vous pouvez cependant rencontrer le mot "WHY" dans une phrase-réponse. "WHY" prend alors la signification de

1. "C'est pour cela..." "C'est la raison..."
Exemples : This is why I called you.
(C'est pour cela que je t'ai appelé... C'est la raison de mon appel.)
That is why I sold my farm.
(C'est la raison de la vente de ma ferme, ou : C'est pour cela que j'ai vendu ma ferme.)

2. If you know why, tell me.
Si vous savez (**pourquoi,** dites-le moi...
la raison).
I will tell you why he is a good boy.
Je vous dirai (**pourquoi** il est bon garçon...
la raison).

Ce travail est presqu'un jeu, il est excellent pour la conversation. Mettez-vous vite à l'oeuvre, et ensuite, à deux, vous pourrez vous questionner et répondre.

Traduire les mots soulignés:

Are you going to eat ? Because I am hungry . . . .

Why do you drink ? Because I am thirsty . . . .

The church is open because it is Sunday . . . .

Did you buy it because it is my birthday ? . . . .

Why did you buy it ? Because I need it . . . .

Why did you put your new suit ? Because it is Sunday . . . .

Why do you cry ? Your eyes are red . . . .

Why the birds are leaving ? Because it is fall . . . .

Why is it so dark ? It is going to rain . . . .

Why do you sell your car ? Because it is old . . . .

41e leçon

Revision de What, Where, Whose, Who, Why, How, Which.

Cherchez les réponses à l'aide de l'image.

1. What time is it? ....

2. Where are the books? ....

3. What is the cat (No. 2) doing? ....

4. Where is Paul? ....

5. Whose books are on the table? ....

6. Who is the man at the window? ....

7. What is the thing that gives you the time? a clock

8. Where is the chair? in the house

9. Why is the light on? because it's dark

10. How many books do you see on the table? three

11. Why is the cat under the table? because he's scared

12. Where is the hat? on the table

13. What do you see on the chair? a coat

14. How many cats do you see in this room? two

15. Whose cat is under the table? mine

16. Who is under the table? my mouse

17. What do you see on the table? a dish

18. What is the name of the three animals in this picture? catou, pipi, caol

19. What do you see through the window? a tree

20. Which book do you want? the black one

21. Where is the bottle (bâ-teul — bouteille)? on the table

22. What do you see near the door? a mirror

23. Where is the cross? on the wall

24. Where is the stove? in this corner

25. What is the meaning (mi-nigne — signification, sens) of Who? Qui

Which? lequel What? quoi Where? où Why? pourquoi

Faisons un peu de phraséologie pour le reste de la leçon :

What do you want? — Que veux-tu?

What is your name? — Quel est votre (ton) nom?

What is this? — Qu'est ceci?

What can I do for you? — Que puis-je faire pour vous?

What do you say? — Que dites-vous?

Where (hou-èrr) où

Where are you going? — Où allez-vous?

Where do you live? — Où habitez-vous?

Where do you work? — Où travaillez-vous?

Where is Mary? — Où est Marie?

Where is the grocery store? — Où est l'épicerie?

When (hou-ènn) quand

When do you get up? — Quand te lèves-tu?

When do we eat? — Quand mangeons-nous?

When are you leaving? — Quand partez-vous?

When is he arriving? — Quand arrive-t-il?

When do I begin? — Quand est-ce que je commence?

Why (ou-a-ï) Pourquoi

Why are you leaving? — Pourquoi partez-vous?

Why do you close up? — Pourquoi fermez-vous?

Why is he coming? — Pourquoi vient-il?

Why did he call me? — Pourquoi m'a-t-il appelé?

Who (hou) Qui

Who are you? — Qui êtes-vous? Qui es-tu?

Who is coming? — Qui vient?

Who called me? — Qui m'a appelé?

Who is that man? — Qui est cet homme?

Who came last night? — Qui est venu hier soir?

How many (ha-o-mè-né) Combien

How many fingers do you have? — Combien de doigts avez-vous?

How many eyes do you have? — Combien d'yeux avez-vous?

How many days in a week? — Combien de jours dans une semaine?

How many months in one year? — Combien de mois dans un an?

How many eggs in a dozen? — Combien d'œufs dans une douzaine?

How many pages in this book? — Combien de pages dans ce livre?

42e leçon

Le mot nouveau, pour la leçon de ce mois, est **With** (ou-itt) **Avec**

Je mange **avec** une cuillère — I eat WITH a spoon.

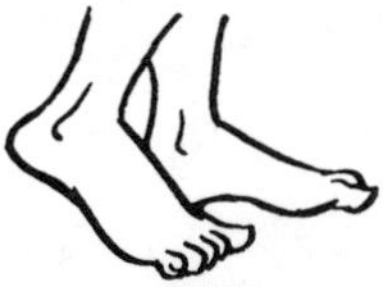

Je marche **avec** mes pieds — I walk WITH my feet.

J'écoute **avec** mes oreilles — I listen (li-ss-eunn) WIT
my ears.

Je parle **avec** ma bouche — I speak WITH my mouth.

Je joue **avec** mes mains — I play (piano) WITH my han

Je bois **avec** un verre — I drink WITH a glass.

Je joue **avec** mes enfants — I play WITH my children.

J'y vais **avec** mon cheval — I am going there WITH my horse.

Vous avez bien noté que le mot WITH veut dire : **avec**.

DRILL:

Mettez WITH ou **avec** selon le cas, dans les phrases suivantes :

1. — Come with me — Viens ...avec..... moi.

2. — He works with my father — Il travaille ...avec..... mon père.

3. — Peter is going to the village with Paul — Pierre va au village ..avec... Paul.

4. — He lives there with his brother — Il vit là ....avec.... son frère.

5. — Put the cheese with the eggs — Mets le fromage ..avec....... les œufs.

LECTURE. (C'est un exercice avec le WITH)

Peter is going to work with a spade in his hands, also with a hat on his head, on account of the sun. His dog is with him and he seems pleased to go with him. In the field you can see animals eating grass. Grass (herbe) is good food for animals so Paul puts the cows with the horse together so they can eat good grass. Mrs. Leblanc is giving grain to the chicken. She gets eggs from them. She will sell these eggs and with the money she gets, she will buy food and clothes for the family. Peter lives on a farm with his family and they are very happy the way they live.

Traduction — leçon suivante.

VOCABULAIRE (mots nouveaux) :

spade (spé-de) pelle — On account (onne aka-ounte) à cause de...
He seems pleased (si-meze pli-zd) Il semble content.
Grass (grasse) herbe — Food (fou-de) nourriture
Together (tou-guè-deur) ensemble — Chicken (tché-keune) poules, poulettes.
Clothes (clo-tz) vêtements — Happy (a-pi) heureux
The way they live (ou-é dé live) manière de vivre.

Comme devoir, prenez les leçons précédentes, et à l'aide du dictionnaire, traduisez en français le texte de la lecture.

Devoir numéro 2

Questions sur le texte :

1. — Where is Peter going ? — Peter is going to work ....

2. — What does he put on his head ? — He puts a hat ...... on his head.

3. — Who is going with Peter ? — His dog .... is going with him.

4. — What do you see in the field ? — I see cows ..... in the field.

5. — Is grass good food for animals ? — yes .... grass is good food for animals.

6. — What is Mistress Leblanc doing ? — She is giving grain to the chicken.

7. — What does she get from the chicken ? — She gets eggs from them.

8. — What does she do with the money ? — She buys food and clothes for the family.

9. — Where does Peter live ? — He lives on a farm ...

10. — Are they happy to stay on a farm ? — yes ... they are.

43e leçon

Traduction de la lecture: leçon 42e.

"Pierre s'en va travailler avec une pelle dans ses mains et (aussi) avec un chapeau sur sa tête, à cause du soleil. Son chien est avec lui et il semble heureux d'aller avec lui.

Dans les champs, vous pouvez voir des animaux mangeant (qui mangent) de l'herbe. L'herbe est une bonne nourriture pour les animaux et c'est pour cela que Paul met ensemble les vaches avec le cheval, ainsi ils peuvent manger de la bonne herbe. Madame Leblanc donne du grain à ses poules. Elle reçoit des œufs en retour. Elle les vendra et avec l'argent reçu elle achètera de la nourriture et des vêtements pour la famille.

Pierre vit sur une ferme avec sa famille et tous semblent satisfaits (heureux) de la façon de vivre."

N.B. — J'ai voulu garder une traduction presque littérale, en sacrifiant un peu la stylistique. Vous serez indulgents, comprenant que c'est pour vous faciliter la chose. Lisez le texte anglais à haute voix et faites ensuite une comparaison avec la version française.

2) Réponses aux questions du texte :

1. — Peter is going to work. — Pierre va travailler.
2. — He puts a hat on his head. — Il met un chapeau sur sa tête.
3. — His dog is going with him. — Son chien l'accompagne (va avec lui).
4. — I see animals in the field. — Je vois des animaux dans le champ.
5. — Yes, grass is good food for animals. — Oui l'herbe est une bonne nourriture pour les animaux.
6. — She is giving grain to the chicken. — Elle donne du grain aux poules.
7. — She gets eggs from them. — Elle obtient d'elles des œufs.
8. — She buys food and clothes for the family. — Elle achète de la nourriture et des vêtements pour la famille.
9. — He lives on a farm. — Il vit sur une ferme.
10. — Yes they are happy. — Oui, ils sont heureux.

Voici les exercices ou "pratique" de la leçon précédente :

"WITH" (ou-itte) AVEC

J'écris avec une		I write with a feather
Nous creusons avec une	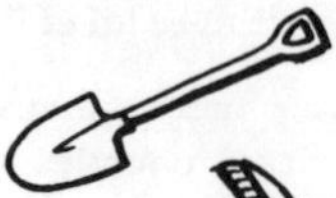	We dig with a spade
Il se rase avec un		He shaves with a shaver
Vous lavez avec du		You wash with a soap
Nous pêchons avec une		We fish with a hook
Il coupe le pain avec un		He cuts bread with a knife.
Pierre joue avec une		Peter plays with a ball.
Je regarde avec mes		I look with my eyes.
J'ouvre la ...... avec une clef.		I open the door with a key.
Je chauffe avec de		I heat with oil.
Je peinture avec un		I paint with a brush.
Je lave avec une machine à laver.		I wash with a washing (ou-achingne) machine.

J'apprends avec un  I learn ...... a book.

Je cloue avec un  I nail ...... a hammer.

Je coupe le bois avec une  I cut wood ...... an axe.

Je la ferme avec un  I close it ...... a lock.

Il l'achète avec son argent.  He buys it ...... his money.

Je la fais avec plaisir.  I do it ...... pleasure.

Je le souhaite avec tout mon  I wish it ...... all my heart.

Il travaille avec ses  He works ...... his hands.

Comme vous pouvez le constater, il s'agit en somme de mettre "with" dans l'espace en blanc, pour bien compléter la phrase.

C'est facile.

44e leçon

Voici une leçon pratique sur les dernières choses apprises. C'est une revision.

Regardez l'image, et selon le cas, répondez aux questions en anglais, ou complétez la phrase. Dans le prochain cours, vous trouverez les réponses, vous pourrez comparer avec votre travail, et corriger s'il y a lieu.

1. On what street is the Bank? R.— ....
2. Where is the truck? R.— ....
3. Whose dog is on the street? R.— ....
4. How many boys do you see in this picture? R.— ....
5. What do you see on the post? (poteau) R.— ....
6. Where are the little birds? R.— ....
7. What is the name of the grocery store? R.— ....
8. What is the name of the shoe-store? R.— ....
9. How many stores do you see? R.— ....
10. Where is the dog? R.— ....
11. Why is the car going to the station? R.— ....
12. Who is walking with the dog? R.— ....
13. Why is Peter going to the Bank? R.— ....
14. How many people do you see in this picture? R.— ....
15. Whose gas station is that? R.— ....
16. Who is the man near the Bank? R.— ....
17. How many cars are on the parking-ground? R.— ....

18. Who is the owner of the parking-lot? R.—..............................

19. On what side of the street (right or left) is the automobile? R.—..............

20. Where is the bus? R.—..

21. When do you cross the street? R.—..................................

22. You stop when the light is..

23. You go to the Bank to d .... money.

24. At the grocery store you buy f...................

25. When you have a car and you need gasoline you stop at the ....

26. You park your car on a ....

27. You cross the street when the light is ....

28. Cars run on the street, people walk on the...........................

29. What do you see on the tree? R.—.....................................

30. Where are the two little birds? R.—..................................

31. How many birds are there on the tree? R.—...........................

32. Where is the tree? R.—..

33. The bus is number .... (ou) The bus number is ....

34. The boy on the street is walking with his f .... and m ....

35. The dog is on the right
the left ....side of the street.

36. Where is the church? R.—..

37. What time is it? R.—..

Petite revue en Grammaire. Traduire en anglais :

1. In English, "Qui es-tu ?" is translated by : ....who are you?
2. "Où vas-tu?" ....where are you going?
3. "Quand pars-tu ?" ....when do you leave?
4. "Combien de livres veux-tu?".... how many books do you want?
5. "Lequel veux-tu ?" ....which one do you want?
6. "A qui appartient ce chapeau?"....whose the owner...?
7. "Il y a une lumière rouge" ....There is a red light
8. "Que cherches-tu ?" ....what do you search?
9. "Pourquoi es-tu en retard ?" ....why are you late?
10. "Parce que je t'aime" ....because I love you

Je pense que ces exercices seront à la fois un travail et un plaisir.

45ᵉ leçon

Nous allons reprendre et continuer l'étude des mots difficiles. Aujourd'hui, je vous présente: **At — to — from — after.**

At : position fixe . . . à, au . . . .

Quelqu'un frappe **à la** porte.
Somebody knocks (no-que-se) **at** the door.

Sois prêt **à** 8 h.
Be ready **at** eight o'clock.

Il est **à** la porte.
He is **at** the door.

Elle est **à** la fenêtre.
She is **at** the window (ou-inn-do).

Pierre est **au** téléphone.
Peter is **at** the phone (fô-ne).

Il travaille **à** la gare.
He works **at** the station.

Le train part **à** 6 h.
The train leaves (li-ve-se) **at** six o'clock.

Il vous attendra **à** la gare, **au** guichet No 6, ou **à** la porte centrale, **à** midi.

He will wait for you **at** the Station, (in front of) **at** the teller No. 6, or **at** the central door, **at** noon.

Mais avant, il va manger **au** restaurant.
But he will eat first **at** the restaurant.

à . . . **au** . . . **to** . . . mouvement

Je vais **à** ton bureau.
I am going **to** your office.

Je vais à l'église pour la messe de 8 h.
I am going **to** church for the eight o'clock mass.

Envoie une lettre **à** ton père.
Send a letter **to** your father.

De Trois-Rivières **à** Montréal.
From Three-Rivers **to** Montréal.

Il va **au** village pour prendre de la nourriture.
He is going **to** the village to get food.

Idée de séparation, éloignement . . . **de : from**

De Québec à Montréal il y a une bonne distance.
From Quebec to Montreal there is a good distance.

I come from school.

I received a letter from him.

Mrs. Allard calls me from Montreal.

After — après

You come after me. (Tu viens après moi)

He will leave after supper. (Il partira après souper)

After work, I will go to the movies.
(Après le travail, j'irai au cinéma)

1→2→3→4→5→6→7

2 is after one	4 is after three	6 is after five
3 is after two	5 is after four	7 is after six

46e leçon

Et voici la suite de ces mots-clefs (Key words) qui ont fait le sujet de la dernière leçon, avec:

A) **Through** (trou) : **à travers**

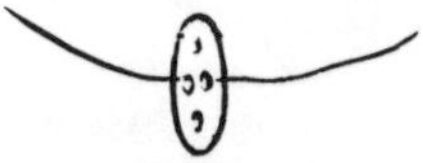

Je passe une corde à travers un bouton.
I pass a cord through a button.

Le chat passe par (à travers) la fenêtre.
The cat goes **through** the window.

Jean va passer (à travers) par la porte.
John will go **through** the door.

J'ai mis un clou dans la planche.
I put a nail **through** the board.

Le soldat a passé sa baïonnette **à travers** son corps.
The soldier passed his bayonet **through** his body.

Le train passe sous (à travers) le tunnel.
The train goes **through** the tunnel (to-neul).

Le crayon a passé **au travers** du papier.
The pencil went **through** the paper.

La mouche passe par la fenêtre.
The fly goes **through** the window.

Attention au mot : **true** — vrai. It is true : C'est vrai.

Egalement, au mot **across** (à travers) dans le sens de croiser, de traverser (sans passer au travers).

Quand je dis que je traverse une rue, un pont... je ne veux pas dire que je passe au travers... donc, je traverse la rue ou le pont : I walk **across** the street, or the bridge.

B) **Over** (par dessus) o-veur

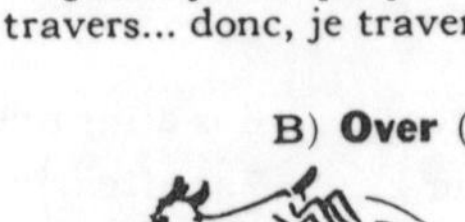

Le chien saute **par dessus** la clôture.
The dog jumps **over** the fence.

Un oiseau vole **par dessus** (au dessus de) ma tête.
A bird flies **over** my head.

L'eau est **par dessus** mes souliers.
Water is **over** my shoes.

Pardessus : overshoes.

La lampe est **au-dessus** de la table.
The lamp is **over** the table.

Il y a un pont sur (par dessus) cette rivière.
There is a bridge (brè-ge) **over** that river.

Nous volons **par-dessus** les nuages.
We fly (fla-ï) **over** the clouds.

C) **Under** (on-deur) **Sous**

Le chat est **sous** la table.
The cat is **under** the table.

Mes souliers sont **sous** le lit.
My shoes (chou-ze) are **under** the bed.

Le crayon est **sous** le livre.
The pencil is **under** the book.

L'argent est **sous** ma main.
The money is **under** my hand.

Viens **sous** l'arbre.
Come **under** the tree.

C'est un jour de pluie, viens **sous** mon parapluie.
It is a rainy day, come **under** my umbrella.

Le poisson est **sous** une roche.
The fish (fè-che) is **under** a stone (stau-ne).

L'homme est **sous** l'eau
The man is **under** the water

et il nage **sous** l'eau.
and he swims (sou-im-ze) **under** the water.

Mets ton adresse **sous** ta signature (ton nom).
Put your address **under** your name.

Le chien dort **sous** le poêle.
The dog sleeps **under** the stove.

Il y a une grosse roche **sous** l'auto.
There is a big stone **under** the car.

Lisez et relisez bien ces phrases, apprenez-les par cœur, et demandez ensuite qu'on vous les fasse réciter. C'est un bon exercice de vocabulaire et de conversation.

A.— Traduire en anglais:

L'homme verse de l'eau dans l'aquarium

. . . .

Le chat est sur l'aquarium

. . . .

La nourriture pour les poissons est dans la boîte sur la table

. . . .

Le chien est sous la table

. . . .

Un verre est sur la table

. . . .

Le garçon est sur la chaise

. . . .

Le poisson est dans l'eau

. . . .

Un soulier est sous la chaise

. . . .

La lumière est au-dessus de la table

. . . .

Une mouche vole au-dessus du chat

. . . .

La nourriture du chien est sous la table

. . . .

Le garçon regarde à travers la vitre si le poisson mange ou non . . .

. . . .

C'est une truite.

. . . .

Noms de poissons

cod (kode) **morue**
salmon (sale-mon) **saumon**
tuna (tou-na) **thon**
lobster (lobe-steur) **homard**
cat-fish (cate-fiche) **barbotte**
oysters (o-i-steurzs) **huîtres**
shrimps (shreim-ps) **crevettes**
haddock (ha-doc-k) **aiglefin**
clams (klèm-ze) **palourdes**
fillet of sole (sol) **filet de sole**
halibut (hali-bot) **flétan**
eel (î-le) **anguille**
pike (pa-ïke) **brochet**
herring (hèrr-ingue) **hareng**
perch (peurche) **perchaude**
rock bass (roc-k-bess) **crapet**
dore (dau-ri) **doré**
bass (bèss) **achigan**
minnow (mé-neau) **vairons**
worms (ou-eurmz) **vers**
frogs (fro-keze) **grenouilles**

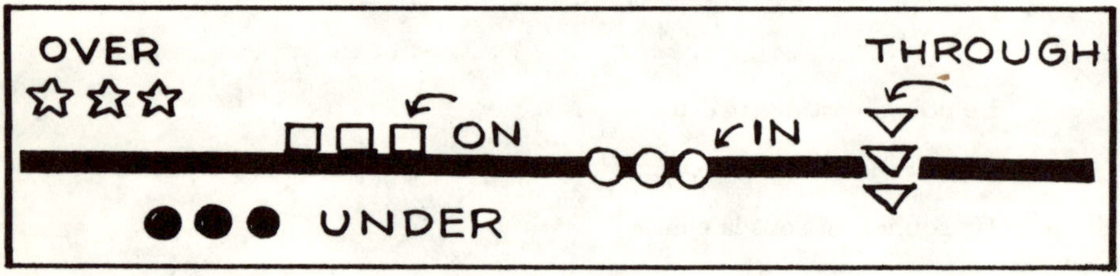

Exercice de vocabulaire

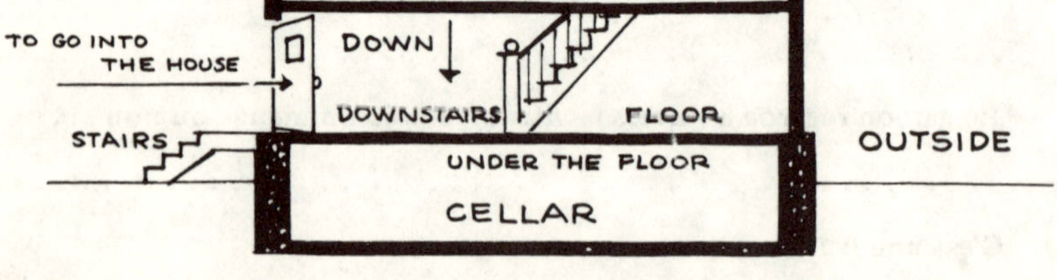

over the roof roof ceiling inside window through the window
wall upstairs up on to go into the house in stairs
floor cellar under the floor outside (dehors) door downstairs

Donnez le mot anglais, en vous guidant sur le vocabulaire au bas de la page, à gauche:

Cave..................................	dehors..................................
sous le plancher......................	en dedans..............................
plancher..............................	plafond................................
escalier..............................	dans...................................
aller dans la maison..................	toit...................................
mur...................................	au-dessus du toit......................
fenêtre...............................	porte..................................
en-haut...............................	en bas.................................

Même s'il faut travailler un peu, vous ne manquerez pas de faire ce devoir parfaitement.

47e leçon

Si vous le voulez bien, nous allons faire une petite revue. Prenez les trois leçons précédentes, et au travail.

Dites-vous :

(mettre un cercle autour de la bonne réponse, et ensuite traduire la phrase)

1. Somebody knocks (to the door) ou (at the door)

   Traduction française : ....

2. I walk every night (over) ou (across) the bridge.

   ....

3. The dog jumps (over) ou (above) the fence.

   ....

4. The ball went (through) ou (across) the window.

   ....

5. I am going (at) ou (to) the Station.

   ....

6. Six is (after) ou (before) five.

   ....

7. Walk (through) ou (across) the room.

   ....

8. Wait (to) ou (at) the door.

   ....

9. Go (at) ou (to) the phone and call him.

   ....

10. The pencil went (through) ou (across) the paper.

   ....

Voici les réponses — Corrigez vous-même, sur 20,

1 point pour la forme grammaticale et

1 point pour la traduction.

1. (at the door)
Quelqu'un frappe à la porte.

2. (across the bridge)
Tous les soirs je traverse le pont.

3. (over the fence)
Le chien saute par-dessus la clôture.

4. (through the window)
La balle a passé au-travers de la fenêtre.

5. (to the Station)
Je m'en vais à la gare.

6. (after five)
Six est après cinq.

7. (across the room)
Traverse la chambre.

8. (at the door)
Attends à la porte.

9. (to the phone)
Va au téléphone et appelle-le.

10. (through the paper)
Le crayon est passé au travers du papier.

Voici un mot nouveau, très important : **off** — dans le sens d'enlever, d'être à l'écart, d'être au large.

Enlève ton chapeau.
Take off your hat.

Enlève tes caoutchoucs.
Take off your rubbers (ro-beurs)

Débarrassez la table.
Take off the table.

Nous voilà partis.
We are off.

Enlève ton costume de bain.
Take off your bathing-suit (bé-tingue-sou-te)

Ne marchez pas sur le gazon.
Keep off the grass.

L'avion est au large de la côte.
The airplane is off the coast (cau-ste)

ATTENTION : of — de

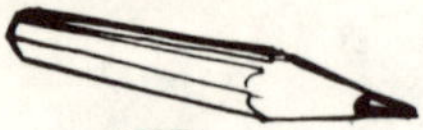

This is the point **of** my pencil.
C'est la pointe **de** mon crayon.

I want a glass **of** milk.
Je veux un verre **de** lait.

This is a bag **of** potatoes.
C'est un sac **de** patates.

The parts **of** a coat are: the collar, the sleeves, the right and left sides, and the pockets.
Les parties **d'un** veston sont : le collet, les manches, les côtés droit et gauche, et les poches.

This is the front **of** the box.
C'est le devant **de** la boîte.

The right page **of** the book is old.
La page droite **du** livre est vieille.

Five pounds **of** sugar.
Cinq livres **de** sucre.

The word "UP" is written on the left side **of** the blackboard.
Le mot "HAUT" est écrit sur le côté gauche **du** tableau.

Vous vous rappelez de :	Le chapeau de Pierre	Peter's hat.
	Le nez du chien	The dog's nose.
	La tête de Jean	John's head.
	La maison de mon père	My father's house.

's pour marquer la possession.

donc, **off :** enlever, à l'écart, être au large.

of : de
's : possession.

Voilà bien des choses dont il faudra se rappeler.

48e leçon

Cette leçon est presque un jeu.

Regardez bien l'image, et écrivez le mot qui manque. Une fois ce travail fait, voici les mots du corrigé: seven, morning, prayers, face, teeth, coat, pants, necktie, shoes, breakfast, eggs, coffee, mother, his, his, brushing, cat, with, umbrella, sunny, birds, tree, under, over, man, across, take off, take off, take off, across, bed.

It is  .... o'clock in the  ....

John is saying his morning  ....

After he will wash his  .... and his  ..... He will put on a  .... a pair of  .... a  ...., and a pair of  ..... At eight o'clock John will have his ....

 He will eat  .... and will drink  ....

Here I see John and his  .... He is shining 

.... shoes, and .... mother is  .... his hat.

The  ...... is playing .... a ball. John will go to work, he does not need an 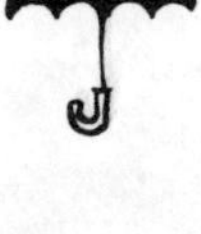 .... because it is a  ....

day and the  .... are singing on a ....

The man is .... the tree sleeping, ...

his head you can see an apple. A squirrel (écureuil) — (squ-é-reul) 

is going through (trou) the hole  into the tree to put in food. This

.... to go home will have to go  .... the street.

He will .... his hat .... his shoes, and he

.... his shirt. He will go .... his room and back to

his ....

Traduction : Mettez les mots qui manquent.

Il est sept .... du matin. .... dit (ou récite) ses prières

du .... Ensuite il .... son visage et ses dents. Il mettra

un veston, ... une .... et une .... de souliers.

A huit heures Jean prendra .... déjeuner. Il mangera des œufs et

boira du .... Je vois ici Jean et sa .... Il frotte ses

.... et .... mère brosse son ....

Le chat joue avec une .... Jean ira travailler. Il n'a pas besoin d'un .... car il fait .... et les .... chantent sur un arbre. L'homme est sous .... et il dort. Au-dessus de sa .... vous remarquerez une .... Un écureuil passe au-travers du trou pour aller dans .... pour y déposer de la ....

Pour allez chez lui, cet homme traversera la .... Il enlèvera son .... ses .... et il enlèvera sa .... Il traversera sa chambre et retournera au ....

Voici les mots à placer dans le texte français :

heures, Jean, matin, lavera, un pantalon, cravate, paire, son, café, mère, souliers, sa, chapeau, balle, parapluie, beau, oiseaux, l'arbre, tête, pomme, l'arbre, nourriture, rue, chapeau, souliers, chemise, lit.

49e leçon

Dans la leçon précédente, vous avez sûrement remarqué les formes suivantes:

John is saying his morning prayers;

his mother is brushing his hat.

The cat is playing with a ball.

The birds are singing on a tree.

Cette forme spéciale s'appelle la forme progressive. Elle fait du progrès, donc elle avance. . l'action se continue. Pour illustrer, ou mieux faire comprendre cette forme, je me servirai de l'expression: "être en train de. . .". Je dis que Jean est "en train de prier", que sa mère est "en train de brosser son chapeau", que le chat est "en train de jouer avec une balle", que les oiseaux sont "en train de chanter. . .".

Pardonnez-moi l'expression: "être en train de. . ." si je m'en sers, c'est qu'elle explique bien, je pense, cette forme progressive.

Voici d'autres explications: Si, tout en parlant,

je mange (je traduis donc par) : I am eating

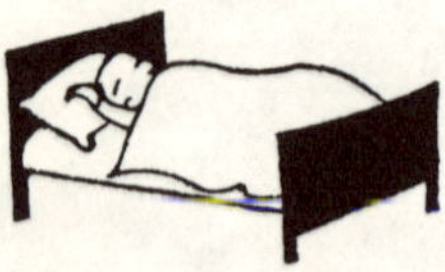

je dors : I am sleeping.

j'écris une lettre (elle progresse à mesure, donc) : I am writing a letter;

j'appelle Montréal et je vous parle : I am calling Montreal and I am speaking to you.

La maman dit : Que fais-tu? — What are you doing ?

Le petit garçon répond : Je bois un verre de lait : — I am drinking a glass of milk.

— What are you doing? — Que faites-vous ?

I am washing my car. — Je lave ma voiture.

— What are you doing ? —

— I am playing my music. — Je joue ma musique.

— What are you doing ?

— I am studying my lesson. — J'étudie ma leçon.

— Where are you going ? — Où vas-tu ? (Où allez-vous ?)

— I am going to school. — Je vais à l'école.

— What are you doing ?

— I am painting my house. — Je peinture ma maison.

Je patine. — I am skating.

Je chante des chants nouveaux — I am singing new songs.

— What are you doing ? — Que faites-vous ?

— I am milking my cow. — Je trais ma vache.

— I am leaving for New-York. — Je pars pour New York.

Vous voyez, c'est toujours une action qui se continue.

Prenez un diapason, donnez un coup, et le son se continue. . . ainsi l'action progressive se continue.

parler : talk + ing	**. . . . . .**	**talking**	**parler : speak + ing**	**. . . . . .**	**speaking**
manger : eat + ing	**. . . . . .**	**eating**	**boire : drink + ing**	**. . . . . .**	**drinking**
dormir : sleep + ing	**. . . . . .**	**sleeping**	**laver : wash + ing**	**. . . . . .**	**washing**
écrire : write + ing	**. .(e élidé)**	**writing**	**jouer : play + ing**	**. . . . . .**	**playing**
appeler : call + ing	**. . . . . .**	**calling**	**aller : go + ing**	**. . . . .**	**going**
			partir : leave + ing	**. . . . . .**	**leaving (e)**

You have completed your first assignment.
Congratulation.
With the vocabulary you know, you should be able to speak English.
Practice is the best way to learn.
So keep up the good work.

Gino Silicani

Réponses aux questions:

1ère leçon

Voici d'abord les réponses aux exercices de votre premier devoir. Jugez vous-mêmes si vous avez bien compris, et corrigez s'il y a lieu.

A. —

1) I am the father	**2) you are the mother**
3) we are the children	**4) you are the son**
5) he is the grandfather	**6) they are the parents (ou relatives)**
7) I have the key	**8) you have the time**
9) he has the work	**10) we have the horse**
11) you have the cow	**12) they have the eggs.**

B. — je, il, ils ou elles, nous, vous

le cheval, la vache, les œufs, la ferme, le père, la mère, les frères, les sœurs.

C. — the father, the mother, the children, the son, the daughter, the brothers, the sisters, the farm, the time, the horse, the cow.

2e leçon

Prenez votre dernier devoir, nous allons corriger s'il y a lieu, ou marquer 10/10.

a clock: *une horloge;* **a chair:** *une chaise;* **a table:** *une table;* **a house:** *une maison;* **a window:** *une fenêtre;* **a door:** *une porte;* **a father:** *un père;* **a mother:** *une mère;* **a bed:** *un lit;* **a pillow:** *un oreiller;* **a stove:** *un poêle;* **a chimney:** *une cheminée.*

3e leçon

Aujourd'hui, vous allez apprendre à corriger vous-même vos devoirs. Dans les exercices 1 et 2 de la dernière leçon, enlevez un point par faute et faites la base sur 100.

Vous trouverez ici les réponses aux deux devoirs donnés. Si vous avez 10 fautes, marquez la note 90/100, 20 fautes 80/100, etc.,

Allons-y !

Réponses au 1er exercice: Dites l'heure en anglais: It is eight o'clock. It is six o'clock. It is nine o'clock.

It is noon. It is midnight. It is half past two. It is half past ten.

2) **Traduire en anglais :** Je suis fort : **I am strong.** Tu es malade : **You are sick.** Tu n'es pas malade : **You are not sick.** Il est occupé : **He is busy.** Il n'est pas occupé : **He is not busy.** Nous sommes heureux : **We are happy.** Nous ne sommes pas heureux : **We are not happy.** J'ai une chaise : **I have a chair.** Tu n'as pas une maison : **You have not a house.** Elles n'ont pas une chambre : **They have not a room.** Vous avez une chaise : **You have a chair.**

4e leçon

Vous avez bien travaillé ? Voyons donc ensemble le résultat. Complétez ou corrigez votre "VOCABPLAY" s'il y a lieu en consultant le tableau des réponses ci-contre:

	1	2	3	4	5	6	7	8	9	10	11	12
1	E	G	G	S		G	A	R	D	E	N	S
2	N	O		I	F	R		E	O	N		I
3	G		A	R	E	A		A	Z			S
4	L	A			U	N	C	L	E	S		T
5	I	N		T		D	O		N	I	N	E
6	S		R	O	O	F		T			O	R
7	H		E		F	A	M	I	L	Y		
8		H	A			T	O	M		O		S
9	W	O	R	K		H	I	E		U	S	E
10	E	U		E	Y	E			W		O	N
11		S		Y		R	I	V	E	R		D
12	H	E	R			S	O	N			I	

7e leçon

1.

1. star
2. tree
3. bulbs
4. skates
5. gift
6. picture
7. window
8. moon
9. table
10. cake
11. chair
12. sleigh
13. clock
14. doll
15. Christmas
16. shoes
17. calendar

2. Christmas-tree — picture — chair — church — moon — star — snow — cake — gift.

3. The Christmas-tree is decorated.
The cake is on the table.
It is twelve o'clock.
Now I am happy.
I have nice gifts.

8e leçon

Présent

Do I work? (dou a-ï ou-eurk)
Do you eat with me?
Do you see the barn?
Do you receive letters?
Do they come?
Do you buy cows?
Do I drink now?

Passé

Did you see the girl
Did he call the father?
Did they eat?
Did we receive the letter?
Did you see the farm?

Futur

Will you bring the money?
Will I receive the letter?
Will they write often?
Will you work to-day?
Will you say yes or no?
Will you call your mother?

Conditionnel

Would you go to the store?
Would you bring the book?
Would you come with me?
Would he do this work?
Would you eat?
Would you drink?

9e leçon

1) I like to eat potatoes. I have five fingers in my hand, (ou bien : my hand has five fingers.) Cows have four legs, two eyes, two ears and many teeth. A week has seven days. Boys and girls like candies.

2) shelf — shelves, étagères
box — boxes, boites
boy — boys, garçons
lady — ladies, femmes
pay — pays, payes
child — children, enfants
foot — feet, pieds
potato — potatoes, patates
day — days, jours
baby — babies, bébés
hand — hands, mains
eye — eyes, yeux
ear — ears, oreilles
brush — brushes, brosses
cross — crosses, croix
church — churches, églises
tomato — tomatoes, tomates
life — lives, vies
wolf — wolves, loups
wife — wives, épouses (femmes)
country — countries, pays (campagnes)

10e leçon

Traduction de la lecture:

Les grands garçons, les belles filles, les hommes forts, les femmes occupées, les mauvais enfants, les jeunes dames aiment à vivre dans des maisons chaudes durant les jours froids de notre long hiver. Dehors, la neige blanche couvre le sol gelé. Le petit moineau reste avec nous et semble dire aux grosses vaches, aux chevaux noirs, aux cochons (porcs) nerveux, emprisonnés dans l'étable: "Soyez patients, bientôt nous aurons des jours ensoleillés, une température chaude, l'herbe verte, la liberté."

11e leçon

1. — maple tree
2. — sap
3. — pail
4. — horse
5. — sleigh
6. — sugaring season
7. — sugar-camp
8. — snow
9. — fire
10. — boiler
11. — hole
12. — people
13. — ice melts
14. — syrup

12e leçon

1. — two new cars
2. — two small dogs
3. — two big apples
4. — two dirty hands
5. — three green leaves
6. — two big trees
7. — two red tomatoes
8. — two white cups
9. — five happy boys
10. — two short lines
11. — the good apples
12. — the cat has small eyes
13. — the leaves are green
14. — I need brown polish
15. — the light is green
the light is red
the light is yellow
16. — blood is red
17. — coal is black
18. — the train is fast
19. — the bottle is empty
20. — the glasses are full
21. — the hands are dirty
22. — the face is dirty
23. — the pies are tasty (good)
24. — the turtle is slow
25. — the lemons are yellow

13e leçon

1) **Nom des mois** — **Name of the months**

Spring: March, mars; April, avril; May, mai

Summer: June, juin; July, juillet; August, août

Fall / Autumn: September, septembre; October, octobre; November, novembre

Winter: December, décembre; January, janvier; February, février

2) **Give my name :**

1. — April
2. — (le mois de votre naissance)
3. — December
4. — January
5. — March
6. — August
7. — March
8. — November
9. — May
10. — February

3) **Permission :**

May I eat — May I sleep — May I work — May I drink
May I study — May I sit — May I say — May I walk ?

Probabilité :

He may come — You may say — He may drink
We may sleep — You may work — They may leave.

Capacité, force, habileté :

I can beat you
He can work all day
You can push the car
He can do it
You can do it
We can move this stone
I can speak of Peter
You can speak English

14e leçon

1) **Nom des fruits :**

Apple, strawberries, tomato, celery, potato, cucumber, carrot, pear, grapes.

2) **Donnez le français :**

1. — pois verts	2. — oignon	3. — ananas	4. — noix
5. — concombre	6. — radis	7. — poire	8. — cerise
9. — raisins	10. — citrons	11. — laitue	12. — pêches
13. — patate	14. — carotte	15. — fraises	

Traduction française :

M. Johnson est un colporteur. Dans sa voiture il a des ananas, des poires, des framboises, de la laitue, des pommes, des concombres, des radis, du céleri, des fèves... en un mot, il a tous les légumes dont une famille a besoin, plus toutes les sortes de fruits qu'une femme (ménagère) désire. M. Johnson est très raisonnable dans les prix qu'il demande pour sa marchandise. Il laisse savoir aux gens qu'il est de passage en criant : "Mesdames, le "fruitier" est ici..."

Jeunes et vieux connaissent M. Johnson. Beau temps ou mauvais temps, le colporteur passera offrant sa marchandise avec quelques cents (sous) de profit en retour.

Remarquez que l'abréviation de Monsieur, en anglais, est Mr. (Mister), et en français M.

Questions :

a) Mr. Johnson is a peddler

b) A peddler sells fruits and vegetables

c) voiture

d) Lettuce, radishes, cucumbers, carrots, beans...

e) The prices are reasonable

f) Young and old know Mr. Johnson

g) He makes a few "cents" profit.

15e leçon

Réponses a)

axe — a hammer — screwdriver — board — tape measure — board — saw — nails, needle — level — pliers.

b) clous — il fend — mesures — il met — il a besoin — vis — il emploie.

Traduction

française a)		**anglaise b)**	
Nous travaillons	je mange	I work	you eat
il écrit	vous partez	he says	we come
ils disent	tu vas	you buy	he sees
il obtient	il va	I say	you call

j'appelle	vous buvez	I bring	we drink
vous rapportez	il reçoit	you receive	you do
ils font	ils veulent	you eat	they go
il achète	il dit	you obtain	they leave

17e leçon

A. — **Réponses :**

The boy is taller than the girl.
January is colder than February
Peter is lazier than Paul.
My horse is stronger than yours.
My farm is bigger than yours.
My hay is longer this year than...
Strawberries are sweeter than blueberries.
Potatoes are smaller than last year.
Nights are cooler than days.
He is happier now.
This winter is worse than last winter.
In autumn leaves are redder than in summer.
He is weaker than yesterday.
Mary is more beautiful (nicer) than Ti-Fine.
I am lazier than you.
The bag is heavier than this box.
In summer, it is more pleasant.
Our houses are more comfortable than...
Canada is nicer than United States.
I have a bad dog; yours is worse.
He drinks less in winter.
It is darker in winter than in summer.
My stable is newer than my barn.
His car is older than mine.

Exercice B. —

adjectif	**comparatif**	**traduction**
cool	cooler than	plus froid que
thick	thicker than	plus épais que
far	farther	plus loin que
good	better	meilleur
wide	wider	plus large
beautiful	more beautiful	plus beau ou plus belle
happy	happier	plus heureux
wet	wetter	plus mouillé
hot	hotter	plus chaud
wise (sage)	wiser	plus rusé (sage)
lazy	lazier	plus paresseux
high	higher	plus haut
old	older	plus vieux (ou vieille)
strong	stronger	plus fort
dark	darker	plus noir (sombre)

Exercice C. —

Pies are better than ice cream
The cat is stronger than the mouse
During January nights are colder than in June
The wolf is wiser than the dog
There is more wood in pile No 1 than in 2
Tree 1 is bigger than tree 2
Car 2 is newer than car 1
My house is bigger than yours

Exercice D. —

comparatif	traduction	adjectif	traduction
bigger than	plus grand	grand	big
more comfortable	plus confortable	confortable	comfortable
older than	plus vieux	vieux	old
wiser than	plus rusé	rusé	wise
cooler than	plus froid	froid	cool (frais ou froid)
happier than	plus heureux	heureux	happy
hotter than	plus chaud	chaud	hot
shorter than	plus court	court	short
prettier than	plus joli	joli	pretty
more than	plus	plus	more
less than	moins	moins	less
worse than	pire	pis	worse
further	plus loin	loin	far
better than	meilleure	bon	good

18e leçon

Travail A :

1. — bathing suit
2. — towel
3. — apron
4. — dress
5. — pants
6. — shirt
7. — necktie
8. — sweater
9. — handbag
10. — skirt
11. — shoes
12. — stocking
13. — umbrella
14. — gloves
15. — hat

Travail B :

1. — handkerchief
2. — umbrella
3. — rain, head, hat
4. — apron
5. — gloves
6. — stockings
shoes
rubbers
7. — pants, braces
belt
8. — scarf
coat
sweater
9. — shirt
necktie
10. — suit

Travail C :

1. — sweater
2. — handkerchief
3. — stockings
4. — coat
5. — shirt
6. — necktie
7. — braces
8. — pants or trousers
9. — hat
10. — gloves
11. — raincoat
12. — dress
13. — suit
14. — coat
15. — shoes

1. — bretelles
2. — caoutchouc (claques)
3. — parapluie
4. — foulard
5. — jupe
6. — chapeau
7. — pantalons
8. — sous-vêtements
9. — mouchoir
10. — tablier
11. — chemise
12. — robe
13. — habit
14. — sacoche (sac à main)
15. — cintre (support)

19e leçon

DRILL : Exercice A

nice : beau	nicer : plus beau	the nicest : le plus beau
sweet : doux (sucré)	sweeter : plus doux	the sweetest : le plus doux
soft : mou	softer : plus mou	the softest : le plus mou
young : jeune	younger : plus jeune	youngest : le plus jeune
cool : (froid) frais	cooler : plus (froid) frais	coolest : le plus (froid) frais
thick : épais	thicker : plus épais	thickest : le plus épais
far : loin	farther : plus loin	farthest : le plus loin
wide : large	wider : plus large	widest : le plus large
beautiful : beau	more beautiful : plus beau	the most beautiful : le plus beau
happy : heureux	happier : plus heureux	the happiest : le plus heureux
hot : chaud	hotter : plus chaud	the hottest : le plus chaud
wise : sage (fin, rusé)	wiser : plus sage	the wisest : le plus sage
lazy : paresseux	lazier : plus paresseux	the laziest : le plus paresseux
high : haut	higher : plus haut	the highest : le plus haut
old : vieux, âgé	older : plus vieux	the oldest : le plus vieux
	(on dit pour une personne : elder, eldest : l'aîné	
strong : fort	stronger : plus fort	the strongest : le plus fort

Superlatif	**traduction**	**Adjectif**	**traduction**
the oldest : ou eldest	le ou la plus vieille	old	vieux ou vieille (âgé, aîné)
the wisest :	le ou la plus sage	wise	sage, rusé ou rusée, fin, fine
the happiest :	le ou la plus heureux(euse)	happy	heureux, heureuse
the shortest :	la, ou le plus court	short	court, courte
the best :	le, ou la meilleure	good	bon, bonne
the strongest :	la, ou le plus fort	strong	fort, forte
the tallest :	la ou le plus grand	tall	grand, grande
the longest :	la, ou le plus long	long	long, longue
the newest :	le plus neuf, la plus neuve	new	neuf, neuve
the most intelligent :	la ou le plus intelligent	intelligent	intelligent, (te)
the nicest :	le, ou la plus jolie	nice	joli, jolie; beau, belle
the deepest :	le, ou la plus profonde	deep	profond, (de)
the worst :	le, ou la pire	bad	mauvais, mauvaise
the laziest :	la, ou le plus paresseux	lazy	paresseux (se)

Dites comment :

Face no 3 is the cleanest face
No 1 is the slowest
House No 2 is the highest house
House No 4 is the oldest house

No 3 is the fastest
No 4 is the biggest
House No 1 is the newest house
House No 3 is the smallest house
House No I is the most comfortable

20e leçon

Comme il se doit, je vous donne d'abord les réponses au dernier devoir. Les voici :

1. — ....comparaison ....personnes ....animaux ....choses.

2. — ....er. ex. tall, taller.

3. — Superlatif.

4. — En plaçant "the" devant l'adjectif, et en ajoutant "est" à ce même adjectif.

5. — The. Tall, the tallest.

6. — Oui. 7. — Parce que l'adjectif ne change jamais et le comparatif vient de l'adjectif : Joseph is smaller than Mary. Mary is smaller than Peter.

8. — Than. 9. — Worse. 10. — The best.

11. — On met "the most" devant l'adjectif.

12. — The most intelligent.

21e leçon

It is eight o'clock. — The sun shines. — The bacon is frying in the frying-pan. — I drink a cup of coffee. — The cat is resting under the table. — Good morning, how do you do ? — I put some butter with a knife. — Ham and eggs. — My wife pours coffee into my cup. — Water is boiling in the kettle.

22e leçon

Adjectif	(anglais)	**comparatif**	**superlatif**
neuf	new	newer	the newest
vieux	old	older	the oldest
haut	high	higher	the highest
épais	thick	thicker	the thickest
large	large	larger	the largest
grand	tall	taller	the tallest
beau	nice	nicer	the nicest
heureux	happy	happier	the happiest
rusé	wise	wiser	the wisest
paresseux	lazy	lazier	the laziest
confortable	comfortable	more comfortable	the most comfortable
intelligent	intelligent	more intelligent	the most intelligent

Egalité (equality)

X is AS tall AS Z
is as strong as
is as intelligent as
is as new as
is as happy as
is as intelligent as
is as old as
is as lazy as
is as wise as
is as fast as
is as large as

Inégalité (inequality)

is not so good as
is not so strong as
is not so intelligent as
is not so new as
is not so happy as
is not so old as
is not so lazy as
is not so wise as
is not so fast as
is not so large as

24e leçon

A) five minutes past three
a quarter to seven
noon.
half past six
midnight (twelve o'clock)

B) mare, hen, sister, a wife, a daughter.

C) a bull, a drake, a calf (m. ou f.), father, a nephew.

D) days, babies, tomatoes, wolves, boxes.

E) eyes, to eat, Wednesday, May, supper, after, Our Lord, the ice melts, Easter maple trees, spring, May I come in, I can speak English, saw, pliers, handkerchief

☆ ☆ ☆

25e leçon

Exercice A : I leave, you say, he comes, we drink, you buy, they do (make).

Je veux, tu reçois, il fait, nous écrivons, vous dites, ils obtiennent.

Exercice B : He says, she says, they say, they say, he eats, she eats, they eat, they eat.

Il dit, il achète, elle mange, ils viennent, elle vient, elle voit, ils (ou elles) voient, ils (ou elles) achètent.

Exercice C : I am, you have, they have, they are, you have, she is, you have, you are, they have, I have.

J'ai, tu es (ou) vous êtes, elle a, ils (ou elles) sont, elle est, il a, nous avons, ils (ou elles) ont, tu as (ou vous) avez, je suis.

26e leçon

Exercice A. Futur : I will leave, you will call, he will want, we will come, you will do (ou, make), they will go.

Exercice B. conditionnel présent: I would get, you would say, he would have, we would write, you would eat, they would work.

Exercice C. F (je ferai) F (tu diras, ou vous direz) C (il appellerait) F (il verra) C (je voudrais) F (ils, ou elles, casseront) C (ils, ou elles boiront) F (je boirai) F (nous aurons) C (nous aurions) C (je dirais) F (je dirai) F (il apportera) C (tu, ou vous partirez).

27e leçon

Exercice A. — I see, you work, he goes, we want, I will get up, you will eat, they will be, I would stay, you would not work, they would receive, he would come, I am afraid, we sleep, the sun shines.

Avec le **futur** j'emploie WILL; au **conditionnel présent** je me sers du mot WOULD.

Exercice B. — 1 faux-wrong, 2 wrong, 3 wrong, 4 wrong, 5 wrong, 6 right, 7 wrong, 8 wrong, 9 right, 10 right, 11 right, 12 right, 13 wrong, 14 right, 15 right.

mots de la 1ère colonne, leçons 8, 11, 12, 13, 15

tree — arbre
picture — image
Wednesday — mercredi
yellow — jaune
Easter — Pâques
write — écrire
August — août
drink — boire
square — carré
young — jeune
light — léger (lumière)
higher — plus haut
heavier — plus pesant
our — notre
rubbers — caoutchoucs, claques
belt — ceinture
strongest — le plus fort
bottle — bouteille

mots de la 2e colonne, leçons 16, 17, 18, 20, 21

gift — cadeau
breakfast — déjeuner
July — juillet
slow — lent
maple — érable
winter — hiver
can — pouvoir
hammer — marteau
pliers — pinces
sharp — pointu
small — petit
bigger — plus gros
his — son, sa, le sien, la sienne
mine — le mien, la mienne
gloves — gants
handkerchief — mouchoir
dish — assiette, plat
toaster — grille-pain

29e leçon

1) Contraires

alive
first
awake
bad
day
late
old
sad

personal
hell
she
girls
clear
old
warm
never

2) Mots des réponses

Christmas
December
cold or dark
joy
busy

Our Lord
bells
common
Heaven
December

3) Conditionnel présent

nature would look
He would pray
boys would gather
I would go

I would stop
He would give
I would hear
I would pray Our Lord

Petit exercice

Did I look?
Did you get?
Did he hear?

Did we get?
Did you have?
Did they go?

31e leçon

Exercice A)

Last week I ate at my brother's, you called me to say good morning, he left for Toronto, they chose a new President.

Last month, I sent a letter to my brother, you saw the bad weather we had, he took the boat for Europe, we walked till the village, you washed your clothes, they were sick.

B) Pendant que tu travaillais dans ta nouvelle maison, j'ai vu le menuisier, j'ai parlé au plombier, les peintres vinrent, Pierre a lavé les fenêtres, Jean appela et dit de payer pour le bois, ton père vint et a dormi toute la matinée. (l'avant-midi)

34e leçon

1. There is a man for you
2. There is work to do
3. There are boys in the school
4. There is a letter for you
5. There is a call for you
6. There is room
7. There was once
8. There was a house here once
9. There are things that you should know
10. There are two windows in this room
11. There are ten fingers in these hands.

37e leçon

1. — 3 (three) 2. — 3 (three) 3. — 5 (five)
4. — 1 (one) 5. — 4 (four)

Combien, comment, comment (vieux êtes-vous) pour (quel âge avez-vous) combien, combien, combien, comment (comme) comment, comment.

40e leçon

1. **Allez-vous**........................ **parce que**........................
2. **pourquoi**........................ **parce que**........................
3. **L'église**........................ **dimanche**........................
4. **Avez-vous acheté**........................ **parce que**........................
5. **Pourquoi**........................ **parce que**........................
6. **Pourquoi**........................ **parce que**........................
7. **Pourquoi**........................ **yeux**........................
8. **Pourquoi les oiseaux**........................ **parce que**........................
9. **Pourquoi**........................ **pleuvoir**........................
10. **Pourquoi**........................ **parce que**........................

41e leçon

1. — It is five after (ou : past) eleven. 2. — The books are on the table. 3. — Cat is eating. 4. — Paul is near the window. 5. — Paul's books are on the table. 6. — Paul is the man at the window. 7. — The clock gives me the time. 8. — The chair is near the table. 9. — The light is on because it is night. 10. — I see seven books on the table. 11. — The cat is under the table because his food is there. 12. — The hat is on the chair. 13. — I see a hat on the chair. 14. — I see three cats in this room. 15. — Paul's cat is under the table. 16. — The cat is under the table. 17. — On the table I see books and a bottle. 17. — The name of the animals is a cat. 19. — Through the window I see the moon, and one star. 20. — I want the English book. 21. — The bottle is on the table. 22. — Near the door, I see a calendar. 23. — The cross is over the door. 24. — The stove is near the window. 25. — Who means: Qui, Which: lequel, What: que, ou qu'est-ce que, Where: où, Why: pourquoi.

43e leçon

I write with a pen — We dig with a spade (ou shovel) — He shaves with a razor — You wash with soap — We fish with a line and hook — He cuts the bread with a knife — Peter plays with a ball — I look with my eyes — I open the door with my key — I heat with oil — I paint with a brush — I wash with a washing-machine — I learn with a grammar — I nail with a hammer — I cut wood with an axe — I close it with a lock — He buys it with his money — I do it with pleasure. I wish it with all my heart — He works with his hands.

44e leçon

1. The Bank is on Bridge Street. — La Banque se trouve sur la rue Bridge.
2. The truck is in front of John's shoe-store. — Le camion est devant le magasin de chaussures "John's"
3. Peter's dog is on the street. — Le chien de Pierre est sur la rue.
4. In this picture I see one boy. — Sur cette image je vois un garçon.
5. On the post I see a sign. — Sur le poteau je vois une enseigne.

6. The little birds are on the tree. — Les petits oiseaux sont sur l'arbre.
7. The name of the grocery store is Peter's. — Le nom de l'épicerie est Peter's.
8. John's is the name of the shoe-store. — John's est le nom du magasin de chaussures.
9. I see two stores. — Je vois deux magasins.
10. The dog is in front of the grocery-store. — Le chien est devant l'épicerie.
11. The car is going to the station to get gasoline. — L'auto va chercher de la gazoline.
12. Peter is walking with the dog. — Pierre marche avec le chien.
13. Peter is going to the Bank to deposit his money. — Pierre va à la Banque pour y déposer son argent.
14. I see five persons. — Je vois cinq personnes.
15. That is Bob's gasoline Station. — C'est le poste d'essence (garage) de Robert.
16. The policeman is near the Bank. — Le policier est près de la Banque.
17. Five cars are on the parking lot. — Cinq autos sont sur le terrain de stationnement.
18. Gino is the owner. — Gino est le propriétaire.
19. The automobile is on the right side of the street. — L'auto est du côté droit de la rue.
20. The bus is on the corner. — L'autobus est sur le coin.
21. I cross the street when the light is green. — Je traverse la rue quand la lumière est verte.
22. You stop when the light is red. — Vous arrêtez quand la lumière est rouge.
23. You go to the Bank to deposit money. — Vous allez à la Banque pour y déposer de l'argent.
24. At the grocery-store you buy food. — Chez l'épicier (ou, à l'épicerie) vous achetez de la nourriture.
25. When you have a car and you need gasoline you stop at the gasoline-station. — Quand vous avez une auto et que vous avez besoin de gazoline vous arrêtez au poste d'essence. (Station de service, ou garage).
26. You park your car on a parking lot. — Vous stationnez votre voiture (auto) sur un terrain de stationnement.
27. You cross the street when the light is green. — Vous traversez la rue quand la lumière est verte.
28. Cars run on the street, people walk on the sidewalk. — Les autos voyagent sur la rue, les gens marchent sur le trottoir.
29. On a tree, I see two birds. — Sur l'arbre je vois deux oiseaux.
30. The two little birds are on the tree. — Les deux petits oiseaux sont sur l'arbre.
31. There are two birds on the tree. — Il y a deux oiseaux sur l'arbre.
32. The tree is behind the gasoline-station. — L'arbre est derrière la station de gazoline.
33. The bus is number 6. — L'autobus est le numéro 6.
34. The boy on the street is walking with his father and mother. — Le garçon sur la rue marche avec son père et sa mère.
35. The dog is on the left side. — Le chien est du côté gauche.
36. The church is on Bridge Street. — L'église est (située) sur la rue Bridge.
37. It is twenty after twelve. — Il est midi vingt.

Grammaire. — Phrases à traduire :

1. **Qui** es-tu ?. — **Who** are you ?
2. **Où** vas-tu ?. — **Where** are you going ?
3. **Quand** pars-tu ?. — **When** are you leaving ?
4. **Combien** de livres veux-tu ?. — **How many** books do you want ?
5. **Lequel** veux-tu ?. — **Which one** do you want ?
6. **A qui** appartient ce chapeau ?. — **Whose** hat is this ?
7. **Il y a** une lumière rouge. — **There is** a red light.
8. **Que** cherches-tu ? — **What** are you looking for ?
9. **Pourquoi** es-tu en retard ? — **Why** are you late ?
10. **Parce que** je t'aime. — **Because** I love you.

46e leçon

The man puts water into the aquarium.
The cat is on the aquarium.
The fish food is on the table in a box.
The dog is under the table.
A glass is on the table.
The boy is on a chair.
The fish is in the water.
A shoe is under the chair.
The light is over the table.
A fly is over the cat.
The dog's food is under the table.
The boy is looking through the glass,
to see if the fish eats or not.
It is a trout (tra-oute) **truite**

Deuxième partie

(Book II)

1ère leçon

Tout de suite au travail!

Nous allons voir la forme progressive — cette action peut se passer au présent, au passé et au futur (aujourd'hui, hier, demain).

Illustration du présent

Maintenant, à l'heure **présente...**

1- Je mange — I am eat**ing**

2- Je dors — I am sleep**ing**

3- J'écris — I am writ**ing**

4- Je téléphone — I am call**ing** *(ko-li-n-gue)*

5- Je joue — I am play**ing**

6- Je paye — I am pay**ing** *(pé-in-gue)*

7- J'ouvre la porte — I am open**ing** the door

8- J'appelle mon fils — I am call**ing** my son

9- Je cherche un nom — I am look**ing** for a name *(leau-ké-«n»-gue)*

Donc, pour une action **présente** mais qui se continue... comme le son du diapason (tous les sons d'une voix ou d'un instrument), je me sers de:

	I am			Je travaille
	You are			Tu travailles
Présent	He is			Il travaille
du verbe	We are	**+**	WORK**ING**	Nous travaillons
être	You are		(le verbe)	Vous travaillez
	They are			Ils travaillent

Je me sers donc du **présent** du verbe **être**, et j'ajoute *ing* au verbe. C'est cela la forme **progressive**.

DRILL:

Q- What am I doing? *(ou-at amm-a-ï dou-ingue)*
Qu'est-ce que je fais?
R- I am putting on my hat and my shoes.
(le verbe **to put**: mettre)
Je mets mon chapeau et mes souliers.

Q- What are you doing?
Que faites-vous? ou Que fais-tu?
R- I am eating bread and I am drinking milk.
Je mange du pain et je bois du lait.
Verbes: **to eat** — manger, et **to drink** — boire.

Q- What are you doing Peter?
Que fais-tu Pierre?
R- I am making a line.
Je fais une ligne
Verbe: **to make** — faire.

The teacher *(ti-tsheur)*: professeur.
The pupil *(pi-ou-peul)*: élève.

Peter: What are you doing Paul? — Que fais-tu Paul?
Paul: I am buying a ticket for a trip around the world.
J'achète un billet pour faire le tour du monde.
Verbe: **to buy** *(tou-ba-ï)* — acheter.
Peter: What are you saying? Que dis-tu? ou Que dites-vous?
Paul: I am going home — Je vais à la maison.
Verbes: **to say** — dire; **to go** — aller.

Vous trouverez, ci-dessous, les verbes:

10- manger — to eat: eat**ing** *(i-tinn-gue)* I am eating

11- dormir — to sleep: sleep**ing** *(sli-pi-n-gue)* You are sleeping

12- écrire — to write: writ**ing** *(oura-ti-n-gue)* He is writing

13- jouer — to play: play**ing** *(plé-in-gue)* We are playing

14- payer — to pay: pay**ing** *(pé-in-gue)* You are paying

15- ouvrir — to open: open**ing** *(o-pê-nen-gue)* They are opening

16- appeler — to call: call**ing** *(kâll-ing)* I am calling

17- chercher — to look for: look**ing** *(loo-kin-gue)* You are looking for

18- travailler — to work: work**ing** *(ou-wer-ké-in-gue)* He is working

19- faire — to do: do**ing** *(do-inn-gue)* We are doing

20- mettre — to put: putt**ing** *(pot-inngue)* You are putting

21- boire — to drink: drink**ing** *(drin-ké-in-gue)* They are drinking

22- aller — to go: go**ing** *(go-en-gue)* I am going

Il s'agit de mettre: «I am, you are, he is, we are, you are, they are» devant ces verbes, et vous avez la **forme progressive**, forme spéciale à la langue anglaise.

2e leçon

Cette leçon porte sur la **forme progressive**, au **passé**. Même procédé que pour le présent, mais on emploie le verbe **être: to be**, au passé.

Passé: to be (être) + «**ing**» (au verbe)

I was		**eat**ing
You were		**sleep**ing
He was	+ le verbe	**writ**ing
We were		**play**ing
You were		**open**ing
They were		**call**ing
		comme au présent

et **la traduction**:

1- **I was** eating when he came in — Je mangeais quand il est entré.
2- You **were** sleeping when he called — Tu dormais quand il a appelé (il appela).
3- He **was** writing to his mother when the phone rang — Il écrivait à sa mère quand le téléphone a sonné (sonna).
4- This morning, we **were** playing with him — Ce matin, nous jouions (on jouait) avec lui.
5- You **were** opening the store when the customer came in — tu ouvrais (vous ouvriez) la porte (du magasin) quand le client est entré.
6- They **were** calling for help — Ils appelaient pour de l'aide (du secours).

1- You were doing a great pleasure to my wife by putting on her dress for that occasion.
Vous faisiez un grand plaisir à ma femme en mettant sa robe pour cette circonstance.

2- Vous buviez votre thé pendant que votre femme vous préparait à déjeuner.
You were drinking your tea while your wife was preparing your breakfast.

3- Il jouait du piano pendant.
He was playing the piano while.

4- Qu'il dormait et.
He was sleeping, and.

5- Qu'elle préparait le repas.
She was preparing the meal.

6- I was waiting for the bus when this car hit the other.
J'attendais l'autobus quand cet auto frappa l'autre.

7- Come in, I was expecting you.
Entrez, je vous attendais.

8- Last summer, I was living there, near Thouin's Restaurant... Every Sunday, my father and I were having ice cream there.
L'été dernier, j'habitais là, près du restaurant Thouin. Chaque dimanche, mon père et moi y mangions (avions là) de la crème glacée.

Lecture

Yesterday, it was snowing, the wind was blowing hard. The cars were moving with difficulties, the children (kids) were having fun with the snowballs and the road department was having trouble to keep the streets clean. To-day, it is a nice day, not cold, not windy, clear sky, a lovely day.

Traduction de ce petit texte:

Hier, il neigeait, le vent soufflait fort. Les automobiles circulaient avec difficulté, les enfants s'amusaient avec les balles de neige, la voirie avait du souci pour garder les routes en bon état. Aujourd'hui, c'est une belle journée, pas froide, aucun vent, ciel dégagé (clair), une splendide journée.

Lisez et relisez ce texte, afin de le bien posséder.

3e leçon

Maintenant que vous connaissez la **forme progressive**, faites ce travail en mettant le bon mot au bon endroit:
bed — six o'clock — sleeping — uncle — impossible — preparing — reading — was — calling — am — phone — car — snowing — waiting — his — coming — going

One bad day

It was  __________ in the morning. Father was

 __________ mother was  __________ our breakfast.

Jos, my brother  __________ shaving himself. I was

 __________ the morning papers. Then the

 __________ rang. My uncle Pete was  __________ my

father: «Are you working John? — » In fact, Pete, no __________ but

I__________ expecting to work soon. You see, I am __________ for a call from

the road department replied my father. «You say that Fred told you that I was not

__________ to work for the day. Well then I am __________ with you if you

need me.» So my father went into  __________ room to get ready.

Outside, it was  __________ . My father's  __________

would not start. On account of the heavy snow it was __________ to walk. It was

one of those bad days. My father called back my  __________ (uncle)

and decided to go back (to return) to  __________ .

Voici l'ordre des mots à placer:

six o'clock — sleeping — preparing — was — reading — phone — calling — am — waiting — going — coming — his — snowing — car — impossible — uncle — bed.

Traduction du texte:

Il était six heures du matin. Mon père dormait et ma mère préparait le déjeuner. Joseph, mon frère, se rasait. Je lisais le journal du matin. Puis le téléphone a sonné. Mon oncle Pierre appelait mon père: «Travailles-tu Jean?» Bien non, Pierre, mais je pense pouvoir travailler bientôt. Vois-tu, j'attends un appel du Service de la Voirie, dit mon père.

«Tu dis qu'Alfred t'a dit que je n'allais pas travailler aujourd'hui? Eh bien, j'irai avec toi si tu as besoin de moi.» Alors, mon père alla dans sa chambre pour se préparer. Il neigeait. L'auto de mon père refusa de démarrer. Dû à la neige il était impossible de marcher. C'était une de ces mauvaises journées. Mon père rappela mon oncle et décida de retourner au lit (se recoucher).

Prononciation de certains mots:

sleeping *(sli-pinn-gue)* — heavy (è-vi) épais — waiting *(ou-é-ténn-gue)* attendre — shaving *(ché-vénn-gue)* se raser — bad *(ba-de)* mauvais — ready *(rè-di)* prêt.

4e leçon

Vous connaissez donc la forme progressive (une action se continuant ou progressant). Vous devez apprendre à la différencier des autres formes. Elles s'écrivent de la même façon. Voici des exemples:

1- Peter is crying because he is sick.
Pierre pleure parce qu'il est malade.
(forme progressive)

2- What is the use of this crying?
À quoi servent ces pleurs?
(participe pris comme nom)

1- I am reading a nice book.
Je lis un beau livre.
(forme progressive)

2- Reading is a nice pastime.
La lecture est un bon passe-temps.
(participe pris comme nom)

1- I am writing a letter to my wife.
J'écris une lettre à ma femme (épouse).
(forme progressive)

2- Our writing reflects our character.
Notre écriture reflète notre caractère.
(participe pris comme nom)

1- I was drawing the nice village.
Je dessinais (ou peignais) le beau village.
(forme progressive)

2- Peter was never afraid to show his drawings to his mother.
Pierre ne craignait jamais de montrer ses dessins à sa mère.
(participe pris comme nom)

1- I am travelling by train.
Je voyage en train (par le train).
(forme progressive)

2- Travelling will show you nice countries.
Les voyages (voyager) vous feront voir de beaux pays.
(participe pris comme nom)

1- I am putting my hat on your table.
Je mets mon chapeau sur votre table.
(forme progressive)

2- Putting on his hat he went out of the room.
Il sortit de la pièce (chambre) en mettant son chapeau. (participe)

1- He is learning his lesson.
Il apprend sa leçon.
(forme progressive)

2- Learning that you were sick I come to help you.
En apprenant que vous étiez malade je viens (j'accours) à votre aide.
(participe)

1- I am having my supper.
Je suis à (prendre) mon souper.
(forme progressive)

2- Having your money I would travel.
Ayant votre argent, je voyagerais.
(participe)

Voici une liste de **phrases à apprendre par coeur**, pour vous en servir à l'occasion:

I like skating. — J'aime patiner.
I cannot help laughing. — *(laff-ingue)* Je ne puis arrêter de rire.
The baby kept crying. — Le bébé continua à pleurer.
The man heard the boys reading the letter. — L'homme entendit les garçons lire la lettre.
No smoking. — Défense de fumer.
The boy was busy helping his father. — Le garçon était occupé à aider son père.
The fish is worth keeping. — Ça vaut la peine de garder le poisson.
I prefer fishing to hunting. — Je préfère la pêche à la chasse.
Avoid the habit of smoking. — Évitez (de prendre) l'habitude de fumer.
Entering the room he saw his nephew. — En entrant dans la chambre (salle), il vit son neveu.
On arriving he met a friend. — En arrivant, il rencontra un ami.
I made a mistake in writing my letter. — J'ai fait une faute (erreur) en écrivant ma lettre.
One becomes learned by studying Geography. — On s'instruit en étudiant la Géographie.
He came whistling *(ou-iss-lin-que)*. — Il vint en sifflant.
Having my papers in good order I left, then. — Ayant mes documents (papiers) en bon ordre (prêts), alors je partis.

5e leçon

Écrivez: a frying-pan, a dining-room, a resting-place, a waiting-room, a standing-room.

— «Comment, pensez-vous, encore la forme progressive, les participes?...»

— NON, il s'agit de former d'autres mots, ceux que l'on appelle: les **composés**.

Alors: frying-pan *(fra-inn-pènn)* poêle à frire
dining-room *(da-ï-ninn-gue)* salle à manger (dîner)
resting-place: endroit de repos
waiting-room *(ou-é-tinn-roüm)* salle d'attente
standing-room: place debout

Ces double-mots sont formés à l'aide d'autres mots. Nous allons voir, dans cette leçon, comment former des mots «**composés**». En parlant d'une table, il faut faire ceci:

Avez-vous déjà vu ceci?

Non, bien sûr, car le **cheval** doit **tirer** la **voiture**.

Mais, pour bien comprendre la leçon, nous allons faire **le contraire**. Attention! pour les mots «**composés**» en anglais, on fait cela. Explications:

1- une **table** à cartes — a card **table**
2- une **table** de cuisine — a kitchen **table**
3- un pied de **lampe** — a **lamp** stand
4- une **table** à abattant — a gate-legged **table**
5- une **table** de chevet — a bed-side **table**

Vous voyez le jeu? Alors, continuons...

machine à coudre
sewing-**machine**

livre de cuisine (recettes)
cook-**book**

un réveille-matin
an alarm-clock

chambre à coucher
bed-room

une tarte faite à la maison
home-made pie
(ôm-mé-ide)

poêle à frire
frying-pan

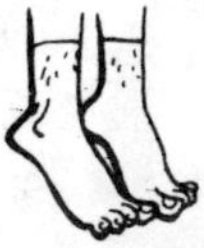

pieds-nus
bare-footed

un homme d'âge moyen
a middle-aged man

centre d'achats
shopping center

cafetière (pot à café)
coffee-pot

vêtements (habits) du dimanche
Sunday clothes

gaucher
left-handed

un jus de tomates
a tomato juice

des yeux d'aigle
eagle-eyed

ces **mots composés sont formés**

de

nom adjectif adverbe	+	adjectif nom participe
cette partie éclaire, augmente, complète le sens, l'idée...		donne la vraie «idée», le sens du mot.

une poêle — à — frire

frying — DE — pan

un mobilier (ensemble) de cuisine
a kitchen set
(ké-tchieunn-sett)

un fauteuil à deux-places
a two-seat sofa
(tou-sitt-so-fa)

un gilet à double fourrure
a double-fur jacket
(do-beul-feurr dza-ket)

une auto usagée (2e main)
a second-hand-used car
(i-ou-zedd)

magasin à rayons
a department-store
(di-parte-meunte)

lave-vaisselle
a dish-washer
(dich-ou-a-cheurr)

(news) une histoire de deux pages
a two-page story
(stou-rri)

Autres exemples:
mal de mer: sea-sick
ciel bleu: blue-sky
couleur de sang: blood-red color
va nu-pieds: bare-footed man *(fo-teu-de)*
à l'épreuve de l'eau: water-proof
un tuyau: a water-pipe

Quelques phrases à mémoriser

1- I bought it cash — Je l'ai acheté comptant
2- Give me a light — Donnez-moi du feu
3- How is he getting along? — Comment s'arrange-t-il?
4- May I borrow your pen? — Puis-je emprunter votre (ta) plume?
5- Dry the pots and pans. — Essuie les casseroles.
6- Get out of my way. — Otez-vous de mon chemin.
7- Give me a hand. — Donne-moi un coup de main.
8- My stomach is upset. J'ai l'estomac dérangé.
9- That suits me. Cela me convient.
10- Do not slam the door. Ne claque pas la porte.

Prononciation

bought *(bott)*
light *(lâ-itt)*
how *(ha-o)* along *(e-longue)*
borrow *(bô-reau)*
dry *(dra-ï)* pots *(potzz)*
way *(ou-é)*
hand *(hènn-de)*
upset *(opp-sètt)*
slam *(slèmm)*

6e leçon

Vous voulez bien faire un petit effort?

Voici un exercice un peu plus difficile, mais que vous pouvez réussir. (vous trouverez les réponses à la 7e leçon)

Donnez la signification ou la traduction, selon le cas.

1- air-filter ______________________________

2- looking-glass ______________________________

3- double-breasted coat ______________________________

4- single breasted-coat ______________________________

5- raincoat ______________________________

6- self-service ______________________________

7- dish-washer ______________________________

8- hand-made suit ______________________________

9- sewing-machine ______________________________

10- vacuum-cleaner ______________________________

11- table à abattant ______________________________

12- coffre en cèdre ______________________________

13- berçeuse ______________________________

14- crème glacée ______________________________

15- ouvre-bouteille ______________________________

16- lèchefrite ____________________

17- théière ____________________

18- moule à gâteaux ____________________

19- déjà servi (deuxième main) ____________________

20- imperméable (à l'épreuve de l'eau) ____________________

21- jus d'orange ____________________

22- mal de dents ____________________

23- bureau de poste ____________________

24- livre de français ____________________

25- chapeau de paille ____________________

ATTENTION! Dans la famille des mots composés, il y a des **exceptions:**

Par exemple:

une boîte de cigares

On ne dit pas... a cigar box
(c'est faux, erroné, mauvais)

Mais, **il faut dire:** a box of cigars
a box of cigarettes

une bonne boîte
de chocolats
a good box of chocolate

une boîte de pois verts
a box of green peas

une boîte d'oeufs
a box of eggs

un sac de patates
a bag of potatoes

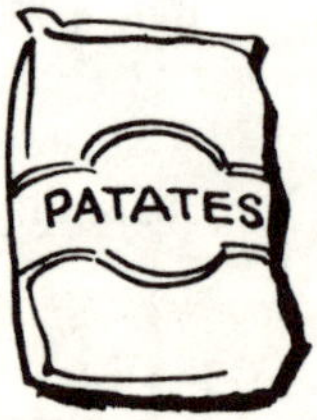

un sac de farine
a bag of flour

un sac de sucre
a bag of sugar

un sac de pommes
a bag of apples

une bouteille de lait
a bottle of milk

une bouteille de Rye
a bottle of Rye

une bouteille de bière
a bottle of beer

une boîte de sel s.v.p.
a box of salt please

Quand vous voulez placer des objets dans une boîte dans un sac dans une bouteille

c'est-à-dire: **le contenu dans le contenant**

il faut toujours mettre

avant et **après**

le récipient avant l'objet après

Exemple:

une boîte de cigares — a box of cigars
une bouteille de lait — a bottle of milk
un sac de patates — a bag of potatoes

CONTENANT **CONTENU**

Exercices:

une boîte de bonbons____________________

une bouteille d'eau____________________

une boîte de savon____________________

un sac d'argent ($ et ¢)____________________

une boîte de fraises____________________

Réponses:

a box of candies
a bottle of water
a box of soap
a bag of money
a box of strawberries

Prononciation des mots:

a box of green peas — *(é boxe of gri-nne pize)*
a box of eggs — *(è-queze)*
a bag of potatoes — *(ba-gue, po'téito,-ouz)*
a bag of flour — *(fla-ou-eur)*
a bottle of milk — *(bô-teul, mél-que)*
a box of salt, please — *(sol-te, plize)*
strawberries — *(stro-bè-rize)*

Traduire en français:

I am going to the grocery store because I need a few things. Instead of calling I will walk to the store: it is such a nice day. I will make my list: I need a bag of potatoes, a bottle of milk, a dozen of eggs, half a dozen of beer, a bag of flour, a tomato juice and some bread. I also need soap for my dish-washer.

«Mother, do you have green peas? Do you need something at the department store?»

Traduction:

7e leçon

À l'aide du tableau ci-dessous, jugez vous-même comment vous avez réussi l'exercice de la 6e leçon:

1- filtre à air (ou épurateur d'air)
2- lunettes (paire de), miroir
3- veston (gilet, pardessus) croisé
4- veston droit
5- imperméable
6- service personnel
7- laveuse de vaisselle (lave-vaisselle)
8- habit fait (ou fabriqué) à la main
9- machine à coudre
10- aspirateur
11- gate-legged table
12- cedar-chest
13- rocking-chair
14- ice-cream
15- bottle-opener
16- drip-pan
17- tea-pot
18- cake-mould
19- second-hand
20- water-proof
21- orange juice
22- toothhache
23- post-office
24- French book
25- straw-hat

Continuons l'étude des **mots composés**

une ... de 10 pieds de long
une ... de 10 pouces de large
a ladder ten **feet** long *(fi-te)*
a ladder ten **inches** wide

Le singulier de **feet** est **foot** *(fou-tt)*

Le singulier de **inches** est **inch**

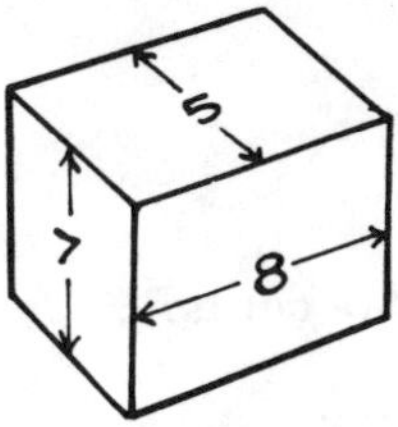

1- a box, eight **feet** long

l'adjectif suit la dimension (mesure)

a box, seven **feet** deep
a box, five **inches** wide
(ou-aïd)

2 -

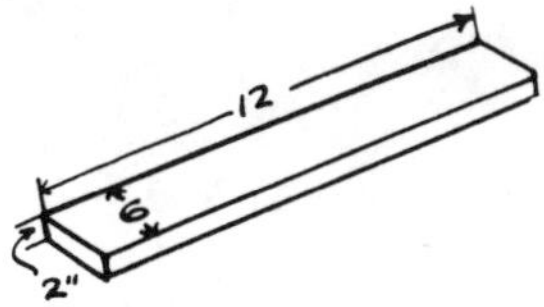

une planche de 12 pieds de longueur
un planche de 2 pouces d'épaisseur
un planche de 6 pouces de largeur

a board twelve (12) **feet** long
a board two (2) **inches** thick
a board six (6) **inches** wide

l'adjectif suit la dimension

3 -

a bank-note of five dollars (ou) a five-dollar bank-note
a stamp of two cents (ou) a two-cent stamp

Remarquez que:

1- les mesures sont au pluriel lorsque l'adjectif (largeur, épaisseur, longueur, etc.,) suit le nombre;

2- quand le nom de la chose précède la valeur, la valeur prend la marque du pluriel. Voyez la différence entre ces phrases:

A ten-foot ladder — a ladder ten feet long
a five-dollar bank-note — a bank-note of five dollars.

A two-**story** house (2 étages — a house having two **stories**.

A five-**cent** stamp — a stamp of five **cents**.

A five-**year** guarantee — a guarantee good for five **years**.

A four-**year** old child — a child four **years** old.
(4 ans)

A two-**inch** nail — a nail two **inches** long. (clou)

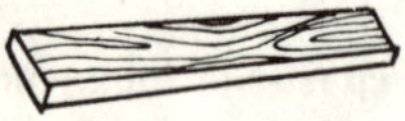

A two-**inch** plank — a plank two **inches** wide.

Résumé:

Pour former des mots composés

1-

objet	mesure	dimension adjectif
↓	↓ pluriel	↓
tree	twenty **feet**	high

2-

nombre	singulier	objet
↓		↓

a seven-**year** old	—	boy

a two-**cent**	—	stamp

TRADUIRE ou compléter

	Exercice No 1	Exercice No 2
	a six-story house une maison à six étages	____________________
	____________________	a pencil four inches long
	____________________	a ladder twelve feet long
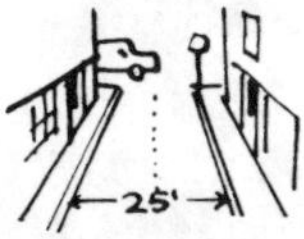 25'	une rue de 25 pieds de large	____________________

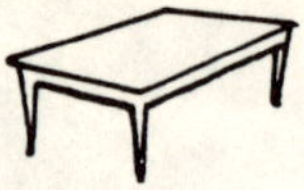

une table de 8 pieds de large ____________________

____________________ ____________________

____________________ a two-pound loaf

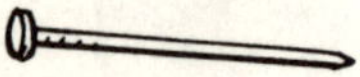

un clou de 6 pouces ____________________

(voir réponses à la 8e leçon)

8e leçon

Réponses à l'exercice No 1, de la 7e leçon:

a four-inch pencil
a twelve-foot ladder
an eight-foot table
a loaf of two pounds

Exercice No 2

a house having six stories
a ladder twelve feet long
a twenty-five-foot street
a table eight-feet large
a six-inch nail -or- a nail, six inches long

Quelques **phrases à mémoriser:**

1- **What** is it all about?
(what: *ou-at*)
De quoi s'agit-il?

2- What **should** I do?
(should: *shau-dd*)
Que dois-je faire?

3- **Keep** going.
Circulez (keep: *qui-pp*)

4- Take it or leave it.
C'est à prendre ou à laisser.

5- Do you speak French?
Parlez-vous le français?

6- Can you afford to pay this price?
Peux-tu (pouvez-vous) payer ce prix-là?

7- Where did you meet him?
Où l'avez-vous (l'as-tu) rencontré?

8- Are you all set to leave?
Es-tu (êtes-vous) prêt à partir?

9- Is it forbidden to smoke?
Est-ce défendu de fumer?

10- Drink the glass of water
Buvez (bois) le verre d'eau

Prononciation:

price *(pra-ï-ce)* prix — meet *(mi-tt)* renconrer — to leave *(tou-li-ve)* partir, quitter — forbidden *(faure-bé-deunn)* défendu

Vocabulaire

d'après l'image (picture):

window — fenêtre
cross — croix
star — étoile
1 - 2 - 3
(2) **between** — entre
top of the tree — tête de l'arbre (faîte)
moon — lune
smoking — fumer
(1) **before** — avant
(3) **after** — après

Placer les mots au bon endroit – **en regardant l'image:**

two, under, is, between, five-dollar bill, chair, smoking, moon, Christmas, on, coffee, girl, lamp, windows, after, two, cross, January, one, December, winter, picture, box of candies.

In this picture, I see __________ windows.

The Christmas tree __________ in the living-room.

The daughter is __________ the boy and the mother.

Under the __________ tree there are many gifts.

Through the window I see the __________ .

There is a star __________ top of the tree.

Do we say: I see a box of candies (ou) I see a candy box?

At the clock it is twenty __________ twelve.

Over the fire-place I see a __________ .

Mrs. Jones has __________ children: a boy and a __________ .

With a coffee-pot we make __________ .

Among the gifts I see a __________ .

The hat is on the __________ .

Father Jones is __________ his pipe.

The clock is between the two __________ .

On a table near the window there is a __________ .

We use a sleigh during w__________ season.

Christman-day is D__________ 25th.

After December comes J__________ .

In this picture I also see __________ door.

A __________ is over the door.

The cat is __________ the table.

Répondre en anglais aux questions suivantes, en regardant l'image:

Where-où

1- Where is the cat?

The cat __________ under __________

2- Where is the star?

The star __________ on __________ of the __________ .

3- Where is the clock?

The clock is ____________________ .

4- Where is the lamp?

The lamp __________ on __________ .

5- Where is the hat?

The hat __________ on __________ .

6- Where is the tree?

The tree __________ in __________ .

7- How many windows do you see in this picture?

In this picture ____________________ .

8- How many persons do you see in this room?

In the room ______________________ .

9- What do you see over the door?

Over the door ______________________ .

10- What do you see through the window?

Through the window ______________________ .

Réponses

1- The cat is under the table.
2- The star is on the top of the tree.
3- The clock is between the two windows.
4- The lamp is on the table.
5- The hat is on the chair.
6- The tree is in the corner of the room.
7- In this picture I see two windows.
8- In this room there are four persons.
9- Over the door I see a picture.
10- Through the window I see the moon.

Mettre les phares:

(1) au passé
(2) au futur
(3) au pluriel

1- The cat ___________ under the table.

2- The star ___________ on the top of the tree.

5- The hats ___________ on the chairs.

(1) was — (2) will be — (5) are.

9e leçon

Cette leçon est exclusivement pensée pour augmenter votre **vocabulaire.**

Farm-yard

1- farmer 2- pump 3- barn 4- barn-yard 5- pig 6- mouse 7- rat 8- cat 9- kitten 10-sheep 11- lamb 12- duck 13- ducklings 14- rooster 15- hen 16- goose 17- turkey 18- cow 19- calf 20- goat 21- kid 22- dog 23- puppy 24- horse 25- colt 26- donkey

1- **Écrivez mon nom,** en anglais:

chien ____________ 

 coq ____________

souris ____________ 

 vache ____________

 chat ____________

 poule ____________

poulain ____________ 

 agneau ____________

2- **Traduire** en français (en regardant l'image et le vocabulaire):

colt ________________ calf ________________ kitten ________________

goat ________________ mouse ________________ pump ________________

barn ______	farmer______	turkey______
duck ______	rooster______	hen______
donkey ______	puppy______	rat ______

3- Mettre les lettres qui manquent, et traduire:

c-lt ______	she-p ______	kitt-n ______
p-g ______	ho-se ______	l-mb ______
h-n ______	tur-ey ______	p-mp ______

4- Donner le nom français du petit de...

chatte (cat)______ kitten *(ké-teunn)*

chienne (dog)______ puppy *(po-pi)*

vache (cow)______ calf *(kaff)*

cheval (horse)______colt *(collte)*

brebis (sheep)______lamb *(lèm-be)*

5- Répondre aux questions:

1- What animal gives you milk?______

2- What animal gives you eggs?______

3- What animal gives you wool?______

4- What animal gives you ham?______

5- Who watches the farm?______

ham: jambon — watches (surveille)

6- Traduire en anglais:

1- Le chat mange la souris	____________ eats____________
2- La poule donne des oeufs	____________ gives____________
3- La vache fournit le lait	____________ produces____________
4- Avec la crème je fais le beurre	With______________ I make butter
5- La souris aime le fromage	____________ likes____________
6- Sur le lac il y a un canard	____________ lake____________
7- Le coq est le roi de la basse-cour	____________ is the king____________
8- Les chevaux sont utiles	________________________ useful
9- Le petit de la brebis se nomme agneau	____________ is called____________
10- Le chien surveille le chat noir et protège le veau près de l'étable	____________ watches____________ ____________ protects____________ near__________________________
11- Les petits chats jouent près de la mère-chatte	____________ play____________ near__________________________
12- J'ai peur du gros rat	__________ I am afraid of__________
13- Les oiseaux volent au-dessus de la maison	____________ fly over ____________ ______________________________
14- Aimes-tu les animaux?	Do you like ____________________
15- Veux-tu visiter la ferme?	__________ want to visit __________

16- Je prends l'eau à la pompe — I take __________ from __________

17- La vache aime le veau — __________ loves __________

18- L'âne est plus petit que le cheval — __________ is smaller than __________ __________

19- La brebis me donne la laine — __________ gives me __________

20- La ferme sera la joie de mes vieux jours — __________ will be __________ __________

Lecture

I live on a farm. On my farm we have a horse, a cow, a sheep, a pig, a dog, a cat and a goat. A young horse is a colt. A young cow is a calf. The young sheep is called lamb. The little puppy is playing with the dog. The mother-cat likes to play with her kittens but she also likes to fight a mouse. A donkey is smaller than a horse but he can draw a wagon like a horse. Chickens will give me eggs. The cow will produce milk and with it I will make cream and butter and of course cheese. Mice (pluriel de mouse) love cheese. What a beautiful life on a farm!

Les réponses et corrections se trouvent à la leçon suivante, 10e,

10e leçon

Il faut reprendre la dernière leçon et voir si vous avez bien mis les traductions qui s'imposaient, en regardant l'image et le vocabulaire, à **l'exercice numéro 2.**

COLT — poulain	CALF — veau	KITTEN — Petit chat
GOAT — chèvre	MOUSE — souris	PUMP — pompe
BARN — grange	FARMER — fermier	TURKEY — dinde
DUCK — canard	ROOSTER — coq	HEN — poule
DONKEY — âne	PUPPY — chiot	RAT — rat

Exercice numéro 3

COLT — poulain	SHEEP — brebis	KITTEN — petit chat
PIG — cochon	HORSE — cheval	LAMB — agneau
HEN — poule	TURKEY— dinde	PUMP — pompe

Exercice numéro 4

Kitten — puppy — calf — colt — lamb

Exercice numéro 5

1- cow — 2- the hen — 3-the sheep — 4- pig (pork) — 5- the dog.

Exercice numéro 6

1- The cat eats the mouse. — 2- Hen gives eggs. — 3- The cow furnishes milk. — 4-With cream I make butter. — 5- The mouse likes cheese. — 6- There is a duck on the lake. — 7- The rooster is the king of the barn-yard. — 8- Horses are useful. — 9- The baby sheep is called lamb. — 10- The dog watches the black cat and protects the calf near the stable. — 11- The kittens are playing near the mother-cat. — 12- I am afraid of the big rat. — 13- The birds are flying over the house. — 14- Do you like animals? — 15- Do you want to visit the farm? — 16- I get water from the pump. — 17- The cow likes the calf. — 18- The donkey is smaller than the horse. — 19- The sheep gives me wool. — 20- The farm will be the joy for my old days.

Vocabulaire

Voici des mots nouveaux:

pot: casserole — cottage: *(ko-té-dge)* chalet — food: nourriture, pain, oeufs, patates — weeping: *(oui-pén-que)* pleurant — bright: *(bra-ïtt)* shining: *(cha-ï-ning)* brillant — stove: poêle — une fée: fairy *(fè-ri)* — to drive: to ride: conduire — seeing at a glance : en regardant d'un coup d'oeil — house-cleaning: «ménage de la maison», nettoyage — porridge: *(po-reu-dge)* nourriture préparée avec céréales, eau, ou lait; bouillie d'avoine — soup: soupe — meat: *(mite)* viande — rice: *(ra-i-ce)* riz — roof: *(rou-fe)* toit — bedroom: chambre à coucher — window: *(oui-nn-do)* fenêtre — kitchen: *(ki-tcheunn)* cuisine — stairs: *(stè-irze)* escaliers — wall: *(ou-alle)* mur — floor *(flô-r)* plancher, parquet — poured out: renverser — ceiling: plafond — child: enfant — mother: mère — daughter: *(do-teur)* fille... enfant de la mère — girl: fille — together *(tou-gè-deur)* ensemble — happy: *(a-pi)* heureux — fed: *(fè-de)* nourri — felt hungry: avoir senti la faim — afraid *(e-fré-id)* avoir peur — delight: satisfaction, joie — right: droit, droite, juste, vrai — to shout:*(cha-out)* crier — try: *(tra-i)* essayer — whole: *(hau-le)* entier — afterwards: *(aff-teur-ou-eurdzs)* ensuite, plus tard.

Les contraires:

petit: little *(lé-teul)* — big: gros — court: short *(chaurte)* — long: long — fille: girl — boy: garçon — près: near *(nirr)* — far: loin — to weep *(ou-ipp)*: pleurer — to laugh *(laff)*: rire — rien: nothing — quelque chose: something — question (?): question *(kuèss-ti-eunn)* — réponse: answer *(ènn-soeur)* — partir: to leave *(tou-live)* — arriver: to come — mettre: to put — enlever: to take off — des fois: sometimes *(somm-ta-imeze)* — jamais: never *(nè-veur)* — jour: day *(dé)* — soir: night *(naït)* — agréable: pleasant *(plè-zeunnte)* — désagréable: unpleasant — avant: before — après: after — derrière: behind *(bi-haïnde)* — pauvre: poor *(pour)* — riche: rich *(ré-che)* — obtenir: to get — donner: to give — bons mots: right words — mauvais mots: mots erronés, wrong words.

Mettre le bon mot

(voir vocabulaire)

1- I pour milk into my____________________

Je verse du lait dans mon gruau.

2- I live in a ______________ with my mother.

J'habite un chalet avec ma mère

3- The girl is ______________________________

because she is hungry.

La fille pleure parce qu'elle a faim.

4- The soup is ______________________________

La soupe est en train de renverser.

5- I see a b____________________ star in the sky.

Je vois une étoile brillante dans le firmamant (ciel)

6- I put the ____________________ on the stove.

Je mets la casserole sur le poêle.

7- The ______ and ______ of my house are new.

Le toit et le plafond de ma maison sont neufs.

8- I wash the f____________________ once a week.

Je lave le plancher une fois par semaine.

9- I park my car on the ______ side of the street,

because it is my r__________________ to do so.

Je stationne mon auto du côté droit de la rue,

car c'est mon droit d'agir ainsi (de le faire).

10- I ____ an apple from you but I g____ you

my book in return.

Je reçois une pomme de toi, mais en retour je te donne mon livre.

Questions sur l'exercice ci-haut:

1- What do you pour on your porridge? (milk)

2- Where do you live? (in a cottage)
Who lives with you? (my mother)

3- Why is the girl crying? (weeping — She is hungry)

4- What is pouring out? (the soup)

5- What do you see in the sky? (a star)
Where is the star? (in the sky)

6- Where do you put the pot? (on the stove)
What do you put on the stove? (the pot)

7- How are the roof and the ceiling? (new)

8- How often (combien de fois) do you wash the floor? (once a week)
What do you do once a week? (wash the floor)

9- Where is your car? (parked on the street)
Can you do that? (Yes)

10- What did I get from you? (an apple)
What did I give you in return? (my book)

Phrases à mémoriser:

a- Are you going to visit your friend?
Allez-vous visiter votre ami?

b- Do you buy a gift for the child?
Achetez-vous un cadeau à l'enfant?

c- When are you leaving?
Quand partez-vous?

d- How long will you stay there?
Combien de temps y resteras-tu?

e- Which bus do you take?
Quel autobus prends-tu?

f- Call him before you go.
Appelle-le avant d'y aller.

g- Do you know them well?
Les connaissez-vous bien?

h- Do you put on your new dress?
Mettez-vous (mets-tu ta) votre nouvelle robe?

i- Do you wear gloves?
Portez-vous des gants? (mets-tu)

j- How far is it?
À quelle distance est-ce?

Prononciation de mots utilisés ci-dessus

gift: *(gué-fe-te)* cadeau — stay: *(sté)* demeurer, rester — new: *(ni-ou)* neuf, nouveau — wear: *(ou-èrr)* porter — far: *(farr)* loin, éloigné.

11e leçon

He — She — it

Il — Elle — il (neutre)

he (hi) il

avec **he**
on utilise **him**
(le, lui) et **his**
(son, sa, ses)

Masculin

She (chi) elle

avec **she**
on utilise **her**
(elle) **her**
(son, sa, ses)

Féminin

it (il, elle) neutre

avec **it**
on utilise **its**
(its)
(son, sa, ses)

Neutre

Genre MASCULIN: mot qui désigne un être mâle ou tout objet regardé primitivement comme tel.

Il — He — Him (le - lui) His — son, sa, ses

Il est beau	He is nice
Il est grand	He is tall
Il est gros	He is fat
Il est intelligent	He is intelligent
Il marche	He walks
Il dort	He sleeps
Il travaille	He works

1- son nez: his nose
2- sa bouche: his mouth
3- ses yeux: his eyes
4- ses cheveux: his hair
5- ses oreilles: his ears
6- son cou: his neck
7- son visage: his face
8- sa tête: his head

He talks to **him**: Il lui parle
He comes with **him**: Il vient avec lui
He sees **him**: Il **le** voit
He pays **him**: Il **le** paye
He wants **him**: Il le veut
He calls **him**: Il **l'**appelle
He tells **him**: Il **lui** dit

Genre FÉMININ: Un des genres grammaticaux, s'appliquant en principe aux êtres femelles, mais le plus souvent arbitrairement à certaines catégories de mots.

Elle — she, her — la, lui — son, sa, ses

Elle est belle — **She** is nice
Elle est grande — **She** is tall
Elle est grasse — **She** is fat
Elle est intelligente — **She** is intelligent
Elle marche — **She** walks
Elle dort — **She** sleeps
Elle travaille — **She** works

son nez: **her** nose
sa bouche: **her** mouth
ses yeux: **her** eyes
ses cheveux: **her** hair
ses oreilles: **her** ears
son cou: **her** neck
son visage: **her** face
sa tête: **her** head

She talks to **her**: Elle lui parle
She comes with **her**: Elle vient avec elle
She sees **her**: Elle la voit
She pays **her**: Elle la paye
She wants **her**: Elle la veut
She calls **her**: Elle l'appelle
She tells **her**: Elle lui dit

NEUTRE: se dit de noms et de mots qui ne sont ni masculins ni féminins.

It (il — elle) Its — son, sa, ses

Vous connaissez sûrement la publicité de 7 up:

«You like **it** — **It** likes you»

«Vous l'aimez — Il vous aime»

Parlant d'un  **It** is nice: **Il** est beau

Parlant d'une  neuve: **It** is new: **Elle** est neuve

Parlant d'une  : **It** is old: **Elle** est vieille

Parlant d'une  : **It** is a big chair: C'est une grosse chaise

Parlant d'une chemise large, ample: **It** is big: **Elle** est ample

Parlant du froid: **It** is cold: C'est froid; **il** fait froid

Parlant de la chaleur: **It** is warm: **Il** fait chaud

Parlant de la montagne: **It** is high: **Elle** est haute

Parlant de la rivière: **It** is beautiful: **Elle** est belle

Parlant de l'auto:

sa peinture: **its** paint
ses roues: **its** wheels
sa radio: **its** radio
sa batterie: **its** battery
ses lumières: **its** lights
ses portes: **its** doors
ses vitres: **its** glasses

ses pare-chocs: **its** bumpers
ses freins: **its** brakes
ses sièges: **its** seats
sa vitesse: **its** speed
son nom: **its** name
sa forme: **its** shape
sa valeur: **its** value
sa transmission: **its** transmission

REVUE:

Masculin He: il	**Him:** lui — le	**His:** son — sa
Féminin She: elle	**Her:** lui — la	**Her:** son — sa
Neutre It: il — elle		**Its:** son — sa — ses

Phrases à mémoriser

Is she going out with him? — Sort-elle avec lui?
Are you going to see her? — Allez-vous la voir?
Is she mad with him? — Est-elle fâchée contre lui?
Is it her hat? — Est-ce son chapeau (à elle)?
Is it his hat? — Est-ce son chapeau (à lui)?
Is she driving her or his car? — Conduit-elle son (à elle) ou son (à lui) automobile?
Has she dark circles around her eyes? — A-t-elle les yeux cernés?
Is it your car? Its front wheel is flat. — Est-ce votre voiture? Le pneu d'avant est affaissé.
Is she calling the janitor on account of her rent? — Est-ce qu'elle appelle le concierge au sujet du loyer?
If it is not his, she will give it to her. — Si celà ne lui appartient pas, elle le lui (à elle) donnera.

12e leçon

1 one *(ou-ann)*
2 two *(tou)*
3 three *(tri)*
4 four *(forr)*
5 five *(fa-i-ve)*
6 six *(séxe)*
7 seven *(sè-veunn)*
8 eight *(é-itt)*
9 nine *(na-ï-nn)*
10 ten *(tè-nn)*

Écrire le bon mot: (en lettres)

I have 5  __________ fingers — J'ai 5 doigts

You have 2  __________ eyes — Tu as 2 yeux

He has 10 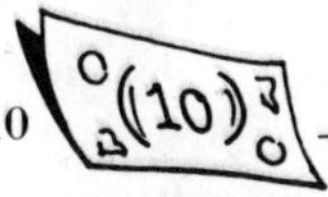 __________ dollars — Il a 10 dollars

We have 3  __________ apples — Nous avons 3 pommes

You have 1  __________ minute — Vous avez (tu as) une minute

They have 4  __________ legs — Ils ont 4 jambes

There are 7 __________ days in a week — Il y a 7 jours dans une semaine

It is 8  __________ o'clock — Il est 8 heures

It is a 6  __________ wheel truck — C'est un camion à 6 roues

Écrire en lettres, le nom des choses

1 ____________________ 2 ____________________

3 ____________________ 4 ____________________

5 ____________________ 6 (10)____________________

7 (jours)______________ in a week 8 (6)______________ vient après 5

9 (après) 8________ c'est________ (6)______________ comes after 5

(after)________ comes________

Écrire les chiffres **Écrire les lettres**

one ________	two ________	10 ________	8 ________
three ________	four ________	5 ________	4 ________
five ________	nine ________	3 ________	6 ________
eight ________	six ________	1 ________	2 ________
ten ________	seven ________	7 ________	9 ________

11 eleven *(i-lè-veunn)*
12 twelve *(tou-èl-ve)*
13 thirteen *(teur-tinne)*
14 fourteen *(for-tinne)*
15 fifteen *(fif-tine)*

16 sixteen *(séxe-tine)*
17 seventeen *(sè-veunn-tine)*
18 eighteen *(éit-tine)*
19 nineteen *(naï-nn-tine)*
20 twenty *(tou-èn-ti)*

Écrire le chiffre:

one ________	twelve ________	nineteen ________
five ________	twenty ________	fourteen ________
nine ________	fourteen ________	thirteen ________
ten ________	six ________	fifteen ________

seven ____________ four ______________ eighteen __________

sixteen ____________ fifteen ____________ three _______________

Écrire en lettres:

1_________________ 2_________________ 3_________________

4_________________ 5_________________ 6_________________

7_________________ 8_________________ 9_________________

10 ________________ 11 ________________ 12 ________________

13 ________________ 14 ________________ 15 ________________

16 ________________ 17 ________________ 18 ________________

19 ________________ 20 ________________

Écrire les calculs

+ plus — less ou minus x multiply ou by ou times

two + two= ____________________ two times (x) two= ______________

five + seven= __________________ three times (x) three= ____________

four + twenty= ________________ four times (x) four= ______________

six + nineteen= ________________ thirteen less (—) six= ____________

4 + 5 + 7= ____________________ twenty less (—) fifteen= __________

thirteen + four= ________________ eight less (—) three= ______________

twenty + 0= __________________ eighteen less (—) eight= __________

My phone number is 123-4567

Écrire le numéro en lettres______________________________________

My address is: 8976 North St., Montreal, P.Q.

____

I am twenty years old — J'ai ______________________ ans.

He was born in 1917 — Je suis né en (19-17)______________________

Il est courant de s'exprimer ainsi pour mentionner les années, bien que mille (1000) se traduise par: thousand:

L'an mille — The year one thousand.

13e leçon

C'est la continuation, évidemment, de l'étude des chiffres, de leur jeu. Il faut apprendre à compter jusqu'à cent à partir de 1, 2, 3, 4. 5. 6. 7. 8. 9. 0. Ce sont des chiffres arabes, connus en France au Xe siècle. On les utilise en anglais et en français.

Nous continuons les composés de dix.

16 sixteen	17 seventeen	18 eighteen	19 nineteen	20 twenty

21 twenty-one	22 twenty-two	23 twenty-three
31 thirty-one	32 thirty-two	33 thirty-three
41 forty-one	42 forty-two	43 forty-three
51 fifty-one	52 fifty-two	53 fifty-three
61 sixty-one	62 sixty-two	63 sixty-three
71 seventy-one	72 seventy-two	73 seventy-three
81 eighty-one	82 eighty-two	83 eighty-three
91 ninety one	92 ninety-two	93 ninety-three
100 hundred	101 hundred and one	102 hundred and two
103 hundred and three		

Four	Five	Six
24 twenty-four	25 twenty-five	26 twenty-six
34 thirty-four	35 thirty-five	36 thirty-six
44 forty-four	45 forty-five	46 forty-six
54 fifty-four	55 fifty-five	56 fifty-six
64 sixty-four	65 sixty-five	66 sixty-six
74 seventy-four	75 seventy-five	76 seventy-six
84 eighty-four	85 eighty-five	86 eighty-six
94 ninety-four	95 ninety-five	96 ninety-six
104 hundred and four	105 hundred and five	106 hundred and six
27 twenty-seven	28 twenty-eight	29 twenty-nine
37 thirty-seven	38 thirty-eight	39 thirty-nine
47 forty-seven	48 forty-eight	49 forty-nine
57 fifty-seven	58 fifty-eight	59 fifty-nine

67 sixty-seven	68 sixty-eight	69 sixty-nine
77 seventy-seven	78 seventy-eight	79 seventy-nine
87 eighty-seven	88 eighty-eight	89 eighty-nine
97 ninety-seven	98 ninety-eight	99 ninety-nine
107 hundred and seven	108 hundred and eight	109 hundred and nine
110 hundred and ten		

C'est facile maintenant de compter jusqu'à mille n'est-ce pas? Allez-y!

14e leçon

Reférer aux leçons 12 et 13 et **écrire en lettres:**

15 ______	16 ______	11 ______
25 ______	27 ______	21 ______
35 ______	38 ______	31 ______
45 ______	49 ______	41 ______
55 ______	51 ______	61 ______
65 ______	64 ______	71 ______
75 ______	55 ______	61 ______
85 ______	63 ______	81 ______
105 ______	72 ______	91 ______
69 ______	86 ______	101 ______
11 ______	94 ______	17 ______
22 ______	13 ______	24 ______
33 ______	23 ______	37 ______
44 ______	33 ______	44 ______
55 ______	43 ______	52 ______
66 ______	53 ______	68 ______
77 ______	63 ______	79 ______

88 ____________ 73 ____________ 86 ____________

99 ____________ 83 ____________ 96 ____________

110 ____________ 93 ____________

Écrire le chiffre

three ____________ twenty-one ____________ sixty-one ____________

thirteen ____________ thirty-two ____________ eighty-one ____________

thirty-three ____________ forty-four ____________ forty ____________

fifty ____________ fifty-five ____________ eleven ____________

seventy-two ____________ sixty-six ____________ ninety-three ____________

ninety-seven ____________ seventy-seven ____________ sixteen ____________

sixty-nine ____________ eighty-eight ____________ hundred ____________

sixteen ____________ ninety-nine ____________ three ____________

eight ____________ hundred and one ____________ five ____________

There are (7) ________________________ days in a week.

There are (30) ________________________ days in a month.

There are (5) ____________ times (5) ____________ in (25) ____________

The train leaves on track No (17) ________________________

How old are you? — I am ________________________ years old.

What is your phone number? ________________________

From Montreal to Joliette there are (42) ________________________ miles.

I take bus No (19) ________________________

Can you read this number (98)? ________________________

Un autre exercice:

Please add 8 + 5 + 3 + 9 + 2= ______________________________

Multiply 4 x 4 x 4= ______________________________

Divide 99 ÷ 3= ______________________________

My salary is ($150) ______________________________ per week and

I paid my bicycle ($76) ______________________________

(42) ______________ comes before (43) ______________

and after (41) ______________________________

The metro-ticket costs (50¢) ______________________________ cents.

On prend l'ascenseur et on compte les étages.

Attention! On descend:

seventh floor ______________________ 7e

sixth floor ______________________ 6e

fifth ______________________ 5e

fourth floor ______________________ 4e

third floor ______________________ 3e

second floor ______________________ 2e

first floor ______________________ 1er étage

ground floor ______________________ rez-de-chaussée

basement ______________________ sous-sol

On prend le chiffre, et on ajoute **th**

Ex:

9- nine ________ ninth ________ 9e

10- ten ________ tenth ________ 10e

11- eleven ________ eleventh ________ 11e

12- twelve ________ twelfth ________ 12e

13- thirteen ______ thirteenth ______ 13e

14- fourteen ______ fourteenth ______ 14e

15- fifteen ________ fifteenth ________ 15e

16- sixteen ________ sixteenth ________ 16e

17- seventeen ______ seventeenth ______ 17e

18- eighteen ______ eighteenth ______ 18e

19- nineteen ______ nineteenth ______ 19e

20- twenty ________ twentieth ________ 20e

21- twenty-one ____ twenty-**first** ____ 21e

22- twenty-two ____ twenty-**second** ____ 22e

23- twenty-three ____ twenty-**third** ____ 23e

24- twenty-four ____ twenty-**fourth** ____ 24e

25e — 26e — 27e — comme au début

Phrases à mémoriser

Is the janitor in the basement? — Le concierge est-il au sous-sol?
Do you live on the third floor? — Habitez-vous au 3e?
Is the furniture department on the fifth floor? — Le rayon des meubles est-il au 5e?

Which floor please? — Quel étage s.v.p.?
Let me out, this is the ground floor. — Laissez-moi sortir, nous sommes au rez-de-chaussée.
Going up. — On monte. Going down — On descend.
The first, third and tenth floor are closed for renovations.
Le 1er, le 3e et le 10e étage sont fermés pour rénovations (transformations)

15e leçon

Traduire en français le texte ci-dessous, à l'aide des leçons précédentes ou d'un dictionnaire.

A little girl lived in a cottage near a forest. Her mother was poor and had no bread, no milk, no eggs, no meat nor money. One night, when the girl was looking through the window she saw a fairy with a frying-pan. The cat and the dog were afraid and felt something strange. It was (twelve o'clock or) midnight and the sky was full of stars. The wind was strong and the night was cold. In the house by the fireplace the mother was wondering what to put on the table when the daughter came into the kitchen with the frying-pan in her hands. The surprised mother nearly fainted. The joy was great when the girl, «through» the pan, got potatoes, bread, soup, fruit and vegetables... and so they lived happily ever after. (through = par, grâce à...)

À mémoriser la forme progressive avec **le passé** des verbes du texte:

a) To live — living — Habiter — lived — lived
b) To have — having — Avoir — had — had
c) To eat — eating — Manger — ate — eaten
d) To weep — weeping — Pleurer — wept — wept
e) To be — being — Être — was — been
f) To cry — crying — (pleurer) Crier — cried — cried
g) To ask — asking — Demander — asked — asked
h) To reply — replying — Répondre — replied — replied
i) To say — saying — Dire — said — said
j) To wish — wishing — Souhaiter — wished — wished
k) To boil — boiling — Bouillir — boiled — boiled
l) To leave — leaving — Partir, quitter — left — left
m) To carry — carrying — Porter — carried — carried
n) To begin — beginning — Commencer — began — begun
o) To steam — steaming — Faire de la vapeur — steamed — steamed
p) To bubble — bubbling — Bouillonner — bubbled — bubbled
q) To provide — providing — Pourvoir — provided — provided
r) To feel — feeling — Sentir — felt — felt
s) To try — trying — Essayer — tried — tried
t) To keep — keeping — Garder — kept — kept
u) To drive — driving — Conduire — drove — driven

Mettre à la forme progressive: (réponses p. 224)

1- J'habite cette maison.  _______________

2-  J'ai du plaisir — I _______________ having a good time.

3- Il mange du spaghetti à la viande — _______________ spaghetti with meat balls.

4-  La mère pleure — The _______________

5- La soupe bout —  The soup is _______________

6- La fille  sent (devine) quelque chose d'étrange — The girl is _______________ something strange.

7- La mère essaie d'obtenir de la nourriture — The mother is _______ to get food.

8- Elle me fait devenir folle — She is ___________  me crazy.

9- La marmite donne  de la bonne nourriture — The pot is ___________ good food.

10- La mère en garde pour le lendemain — The mother is ___________ some for next day or for to-morrow.

Quelques phrases à mémoriser:

Did you get the supplies? — As-tu acheté le nécessaire?
What kind of food do you need? — Quel genre de nourriture avez-vous besoin?
What will we eat for dinner? — Que mangerons-nous pour dîner?
Do you want more soup? — Voulez-vous encore de la soupe?

Set the table, please — Mets la table s'il te plaît?
Are you hundry? — As-tu faim?
What do you drink? — Que buvez-vous? (Que bois-tu?)
Is your meat well-done? — Votre (Ta) viande est-elle bien cuite?
Would you please sit down? — Voulez-vous vous asseoir s.v.p.?
Where do I sit? — Où est ma place (pour m'asseoir)?

16e leçon

Texte français de **l'histoire de la 15e leçon:**

Une petite fille vivait dans un chalet près de la forêt. Sa mère était pauvre et n'avait pas de pain, de lait, d'oeufs, de viande ni d'argent. Un soir alors que la fillette (fille) regardait par la fenêtre, elle vit une fée avec une poêle à frire. Le chat et le chien avaient peur et sentaient quelque chose d'étrange (mystérieux). Il était minuit et le ciel était rempli d'étoiles. Le vent soufflait fort et la nuit était froide. Près du foyer, dans la maison, la mère songeait à ce qu'elle avait à mettre sur la table quand sa fille entra dans la cuisine avec la poêle à frire dans ses mains. La mère surprise en perdit presque connaissance (manqua de s'évanouir). La joie fut grande lorsque la fille, grâce à la poêle à frire magique (poêle à frire) présenta des patates, du pain, de la soupe, des fruits et des légumes. Et ainsi elles vécurent heureuses (la mère et la fille) par la suite.

— Ce petit conte de fée a pour but de présenter quelques mots nouveaux.

Forme progressive (réponses p. **222**)

1- I am living in this house.
2- I am having a good time.
3- He is eating spaghetti with meat balls.
4- The mother is crying.
5- The soup is boiling.
6- The girl is feeling something strange.
7- The mother is trying to get food.
8- She is driving me crazy.
9- The pot is providing with good food.
10- The mother is keeping some (food) for the next day.

Un peu de conversation maintenant, avec vocabulaire nouveau.

Lire la question — à haute voix si possible — et **répondre** de la même manière.

Q.— Good morning, how *(ha-o)* do you do? Bonjour, comment allez-vous?

R.— I am well, thank you. — Je suis bien, merci.

Q.— How old are you? *(Ha-o ôlde arr iou)* — Quel âge avez-vous?

R.— I am twenty-five years old. — J'ai vingt-cinq ans.

Q.— What is your name? *(né-ime)* — Quel est votre (ton) nom?

R.— My name is Charles Martin. — Mon nom est Charles Martin.

Q.— Where do you live? *(lé-ve)* — Où demeurez-vous?

R.— I live in St-Alphonse. — Je vis à St-Alphonse.

Q.— What are you looking for? — Que cherchez-vous?

R.— I want to make a phone call. *(faune-kôle)* — Je veux. faire un appel téléphonique.

Q.— May I use your phone? — Puis-je me servir de votre téléphone?

R.— Make yourself at home *(i-our-sèlfe)* — Soyez à votre aise.
Thank you, *(tènque-iou)* — Merci.
I called my mother to let her know that I was going shopping. — J'ai appelé ma mère pour l'informer que j'allais faire des emplettes.

Q.— What are you going to buy? *(ba-ï)* — Qu'allez-vous acheter?

R.— Well, I need *(ni-de)* — J'ai besoin de

a garbage pail *(pé-il)*  une poubelle a dust pan *(dos-te peine)*  une pelle à poussière (ordure)

a step-ladder *(stèpp-la-deur)*  un escabeau

a dry dusting mop *(dra-i-do-stinque)*  une vadrouille

a broom *(brou-me)*  un balai

clothes pin — pinces (épingles) à linge 

 a lemon-reamer *(lè-munne ri-meur)* un presse-citron

an egg-beater *(bi-teur)*  fouet à oeufs (batteur)

a kettle *(kè-teul)*  une bouilloire

a laddle *(la-deul)*  une louche

a flour sifter  un tamis

a toaster  un grille-pain

a sugar-bowl  un sucrier

a cream-jug *(cri-m-jogue)*  un crémier — pot à crème

a cake-pan  un moule à gâteau a dish-pan *(déche pènn)*  *un plat à vaisselle*

pepper and salt shakers (ché-keurze) poivrière et salière 

Q.— Don't tell me you are buying all these things?
Ne me dites pas que vous allez acheter tous ces objets?
R.— Yes, my sister is getting married.
Oui, ma soeur se marie.

Q.— What else will you buy?
Qu'achetez-vous de plus?
R.— Des tuyaux de cheminée — stove-pipes *(stauve-pa-ipse)*
une virole de cheminée — a stove-pipe collar *(ko-leur)*
un tire-cendres — a fire-rake *(fa-i-eur ré-ike)*
une clé de rondelle — a stove lid lifter
un tisonnier — a poker *(po-keur)*
une charnière en T — a T hinge *(ti hé-n'je)*
un coupe-vitre — a glass-cutter
une seille à couloir — a strainer dairy pail *(stré-i-neur dé-ri pé-ill)*

Q.— Who is she marrying? — Qui épouse-t-elle?
R.— A plomber or bricklayer *(plum-er brék-lé-i-eur)*
Un plombier ou briqueteur.

Q.— What are you doing right now? — Que faites-vous dans le moment?
R.— I study (am studying) English with an unknown teacher.
J'étudie l'anglais avec un professeur inconnu.

Q.— How do you find English? — Comment trouvez-vous l'anglais?
R.— Sometimes it is easy to understand *(i-zi to onn-deur-stèn-de)* but some other times it is hard to answer *(ènn-seur)*.
Parfois il est facile de le comprendre, mais d'autres fois (à d'autres moments) il est difficile de répondre.

Q.— Well, hope to see you again and good luck.
Bien, avec l'espoir de vous revoir, bonne chance!

17e leçon

Parlons anglais

The little story in the 15th lesson introduces several new verbs. We are now going to study a few of them...

Ex.: They **were** very poor...

Dans le dictionnaire, on donne: 1 To be 2 was 3 been (être)

Avec le **No 1** on forme le:

Présent	Futur	Cond. présent
I am (je suis)	I shall be (je serai)	I would be (je serais)
You are (tu es)	You will be (tu seras)	You would be (tu serais)
He is (il est)	He will be (il sera)	He would be (il serait)
We are (nous sommes)	We shall be (nous serons)	We would be (nous serions)
You are (vous êtes)	You will be (vous serez)	You would be (vous seriez)
They are (ils sont)	They will be (ils seront)	They would be (ils seraient)

Avec le **No 2** on forme le **Passé**

I was (j'étais, je fus)
You were (tu étais, tu fus)
He was (il était, il fut)
We were (nous étions, nous fûmes)
You were (vous étiez, vous fûtes)
They were (ils étaient, ils furent)

Avec le **No 3** on forme — **tous les temps composés**

I have been (j'ai été)
You have been (tu as été)
He has been (il a été)
We have been (nous avons été)
You have been (vous avez été)
They have been (ils ont été)

I had been (j'avais été)
You had been (tu avais été)
He had been (il avait été)
We had been (nous avions été)
You had been (vous aviez été)
They had been (ils avaient été)

I shall have been (j'aurai été)
You will have been (tu auras été)
He will have been (il aura été)
We shall have been (nous aurons été)
You will have been (vous aurez été)
They will have been (ils auront été)

I would have been (j'aurais été)
You would have been (tu aurais été)
He would have been (il aurait été)
We would have been (nous aurions été)
You would have been (vous auriez été)
They would have been (ils auraient été)

Forme spéciale du **conditionnel,** avec le **No 1**

I could be (je pourrais être)
You could be (tu pourrais être)
He could be (il pourrait être)
We could be (nous pourrions être)
You could be (vous pourriez être)
They could be (ils pourraient être)

I should be (je devrais être)
You should be (tu devrais être)
He should be (il devrait être)
We should be (nous devrions être)
You should be (vous devriez être)
They should be (ils devraient être)

Ex.: 1 to have **2 had** **3 had** (avoir)

Avec le **No 1** on forme:

Présent: I have, you have, he has, we have, you have, they have.
J'ai, tu as, il a, nous avons, vous avez, ils ont.

Futur: I shall have, you will have, he will have, we shall have, you will have, they will have.
J'aurai, tu auras, il aura, nous aurons, vous aurez, ils auront.

Conditionnel: I would have, you would have, he would have, we would have, you would have, they would have.
J'aurais, tu aurais, il aurait, nous aurions, vous auriez, ils auraient.

Avec le **No 2** on forme le **No 2 — Passé**

I had (j'avais, j'eus)
You had (tu avais, tu eus)
He had (il avait, il eut)
We had (nous avions, nous eûmes)
You had (vous aviez, vous eûtes)
They had (ils avaient, ils eurent)

Avec le **No 3** on forme: — **Tous les temps composés**

I have had (j'ai eu)
You have had (tu as eu)
He has had (il a eu)
We have had (nous avons eu)
You have had (vous avez eu)
They have had (ils ont eu)

I had had (j'avais eu)
You had had (tu avais eu)
He had had (il avait eu)
We had had (nous avions eu)
You had had (vous aviez eu)
They had had (ils avaient eu)

I shall have had (j'aurai eu)
You will have had (tu auras eu)
He will have had (il aura eu)
We shall have had (nous aurons eu)
You will have had (vous aurez eu)
They will have had (ils auront eu)

I would have had (j'aurais eu)
You would have had (tu aurais eu)
He would have had (il aurait eu)
We would have had (nous aurions eu)
You would have had (vous auriez eu)
They would have had (ils auraient eu)

Formes spéciales:

I could have (je pourrais avoir) — I should have (je devrais avoir). They never knew what...

Ex.: 1 to know (connaître) **2 knew** **3 known**

No 1 — Présent:

I know (je connais)
You know (tu connais)
He knows (il connaît)
We know (nous connaissons)
You know (vous connaissez)
They know (ils connaissent)

Futur:

I shall know (je connaîtrai)
You will know (tu connaîtras)
He will know (il connaîtra)
We shall know (nous connaîtrons)
You will know (vous connaîtrez)
They will know (ils connaîtront)

Conditionnel présent:

I would know
(je connaîtrais)
You would know
(tu connaîtrais)
He would know
(il connaîtrait)
We would know
(nous connaîtrions)
You would know
(vous connaîtriez)
They would know
(ils connaîtraient)

No 2 — Passé

I knew (je connus)
You knew (tu connus)
He knew (il connut)
We knew
(nous connûmes)
You knew
(vous connûtes)
They knew
(ils connurent)

No 3 — Known — Tous les temps passés:

I have known (j'ai connu)
You have known (tu as connu)
He has known (il a connu)
We have known (nous avons connu)
You have known (vous avez connu)
They have known (ils ont connu)

I had known (javais connu)
You had known (tu avais connu)
He had known (il avait connu)
We had known (nous avions connu)
You had known (vous aviez connu)
They had known (ils avaient connu)

I shall have known (j'aurai connu)

You will have known (tu auras connu)

I would have known
(j'aurais connu)
You would have known
(tu aurais connu)

He will have known (il aura connu)	He would have known (il aurait connu)
We shall have known (nous aurons connu)	We would have known (nous aurions connu)
You will have known (vous aurez connu)	You would have known (vous auriez connu)
They will have known (ils auront connu)	They would have known (ils auraient connu)

Formes spéciales:

I could know (je pourrais connaître)
I should know (je devrais connaître)

Le mécanisme de la formation des verbes exposé ci-dessus, c'est clair n'est-ce pas?

Pour la **forme progressive** ou **continuelle:**

be (being) — have (having) — know (knowing)

Exercices à faire avec les verbes contenus dans les phrases suivantes:

a) He was **giving** me money, all the time.

1 to give (donner)	**2 gave**	**3 given**
1- Présent	2- Passé	3- Tous les temps composés
Futur		(avoir + part. passé)

b) The woman was **driving** her car out of the garage.

1 to drive (conduire)	**2 drove**	**3 driven**
1- Présent	2- Passé	3- Tous les temps composés
Futur		
Cond. présent		Avoir Être + part. passé

N.B.: **They** s'emploie pour **ils** ou **elles** — il est bon de s'en souvenir. À remarquer aussi que la 3e personne du singulier, au **présent** change. Quant au **futur**, on peut se servir de **will** au lieu de **shall** à toutes les personnes.

Et voilà une leçon profitable!

18e leçon

Corrections au dernier devoir, s'il y a lieu

Verbe: 1 to give **2 gave** **3 given**

with **No 1** on forme le...

Présent

I give — je donne
You give — tu donnes
He gives — il donne
We give — nous donnons
You give — vous donnez
They give — ils donnent

Futur

I shall give — je donnerai
You will give — tu donneras
He will give — il donnera
We shall give — nous donnerons
You will give — vous donnerez
They will give — ils donneront

Conditionnel

I would give — je donnerais
You would give — tu donnerais
He would give — il donnerait
We would give — nous donnerions
You would give — vous donneriez
They would give — ils donneraient

With **No 2** (former) **Passé-Past Gave**

I gave *(gué-ive)* — je donnai
You gave — tu donnas
He (or She) gave — il (elle) donna
We gave — nous donnâmes
You gave — vous donnâtes
They gave — ils donnèrent

With **No 3 — Temps composés**
Given

I have given — j'ai donné
You have given — tu as donné
He has given — il a donné
We have given — nous avons donné

You have given — vous avez donné

They have given — ils ont donné

I shall have given — j'aurai donné
You will have given — tu auras donné
He will have given — il aura donné
We shall have given
— nous aurons donné
You will have given
— vous aurez donné
They will have given
— ils auront donné

I would have given — j'aurais donné
You would have given
— tu aurais donné
He would have given — il aurait donné
We would have given
— nous aurions donné
You would have given
— vous auriez donné
They would have given
— ils auraient donné

I had given — j'avais donné
You had given — tu avais donné

He had given — il avait donné
We had given — nous avions donné

You had given — vous aviez donné

They had given — ils avaient donné

Formes spéciales:

Je pourrais donner — I could *(coude)* give
Je devrais donner — I should *(shoude)* give

No 1 To drive

No 1 — Présent

I drive
je conduis
You drive
tu conduis
He drives
il conduit
We drive

Futur

I shall drive
je conduirai
You will drive
tu conduiras
He will drive
il conduira
We shall drive

nous conduisons
You drive
vous conduisez
They drive
ils conduisent

nous conduirons
You will drive
vous conduirez
They will drive
ils conduiront

Conditionnel

I would drive
je conduirais
You would drive
tu conduirais
He would drive
il conduirait
We would drive
nous conduirions
You would drive
vous conduiriez
They would drive
ils conduiraient

No 2 — Passé — Drove

I drove
je conduisis
You drove
tu conduisis
He drove
il conduisit
We drove
nous conduisîmes
You drove
vous conduisîtes
They drove
ils conduisirent

No 3 — Temps composés — Driven

I have driven
j'ai conduit
You have driven
tu as conduit
He has driven
il a conduit
We have driven
nous avons conduit
You have driven
vous avez conduit
They have driven
ils ont conduit

I shall have driven
j'aurai conduit
You will have driven
tu auras conduit
He will have driven
il aura conduit
We shall have driven
nous aurons conduit
You will have driven
vous aurez conduit
They will have driven
ils auront conduit

I would have driven
j'aurais conduit
You would have driven
tu aurais conduit
He would have driven
il aurait conduit
We would have driven
nous aurions conduit
You would have driven
vous auriez conduit
They would have driven
ils auraient conduit

I had driven
j'avais conduit
You had driven
tu avais conduit
He had driven
il avait conduit
We had driven
nous avions conduit
You had driven
vous aviez conduit
They had driven
ils avaient conduit

Formes spéciales, avec No 1

I could drive — je pourrais conduire
I should drive — je devrais conduire

À noter de nouveau les **remarques suivantes:** Au présent la 3e personne du singulier, prend «s» ou «es». Au futur, on emploie «will» ou «shall». Pour forme progressive — continuelle: driving, giving. **Nous continuons l'étude du verbe** en attirant votre attention sur les **abréviations** suivantes — en prenant note qu'on ne doit pas les utiliser dans la langue écrite — (éviter)

1- Aren't — **pour**: are not:
«Aren't you Mr Ros. Thouin?» Are you not...
«N'êtes-vous pas M. Ros. Thouin?

2- I can't (cannot) do it.
Je ne suis pas capable de le faire.

3- Couldn't — could not
«He couldn't do it.»
«Il ne pourrait le faire.»

4- Didn't — did not.
«He didn't do it.»
Il ne l'a pas fait.

5- Doesn't — does not.
«He doesn't want it.»
Il n'en veut pas.

6- Don't — do not.
«I don't know.» I do not know.
Je ne sais pas.

7- Hasn't — has not.
«He hasn't time for it.» He has no time for it.
Il n'a pas le temps pour cela.

8- Haven't — have not.
«I haven't eaten.» I have not eaten.
Je n'ai pas mangé.

9- He's — He is.
«He's out.» He is out.
Il est sorti (dehors).

10- I'm — I am.
«I'm very busy.» I am very busy.
Je suis très occupé.

11- I've — I have.
«I've five apples.» I have five apples.
J'ai cinq pommes.

12- Won't — will not.
«I won't be here.» I will not be here.
Je ne serai pas ici.

13- She's — She is.
«She's calling.» She is calling.
Elle téléphone (appelle).

14- They're — They are.
«They're leaving town.» They are leaving...
Ils partent de (quittent) la ville.

15- Wasn't — was not.
«He wasn't afraid.» He was not afraid.
Il n'avait pas peur.

Ces «formes» sont souvent rencontrées dans le langage «parlé»...

19e leçon

Il faut souligner de nouveau qu'en anglais, pour la négation, (ou le contraire) on se sert de:

a) négation (no, not)
b) **un** + mot
c) le mot + **less**
d) dis + mot
e) expressions «**off**»

Voir exemples en — a-b-c-d-e-... ci-dessous...

a) I have **no** money.
Je n'ai pas d'argent.
I have **no** time.
Je n'ai pas de temps.
They had **no** shoes on.
Ils n'avaient pas de souliers.

b)

Believable — croyable	**Un**believable — incroyable
Dress — habillé, vêtu	**Un**dress — déshabillé, — nu
Fair — juste	**Un**fair — injuste
Known — connu	**Un**known — inconnu
Expected — attendu	**Un**expected — inattendu
Invited — invité	**Un**invited — non invité
Seen — vu	**Un**seen — pas vu
Finished — fini, achevé	**Un**finished — inachevé
2Due — dû	**Un**due — qui n'est pas dû
Easy — facile	**Un**easy — pas facile, difficile
Reasonable — raisonnable	**Un**reasonable — irraisonnable, non-raisonnable
Certain — certain	**Un**certain — incertain
Faithful — fidèle	**Un**faithful — infidèle

Drill — exercice: (réponses — leçon 20)

1- Donnez les contraires de: (Traduction, cherchez dans le dictionnaire)

able (capable) ______________________

affected (affecté) ______________________

armed (armé) ______________________

aware (attentif) ______________________

born (né) ______________________

broken (cassé, brisé) ______________________

buttoned (boutonné) ______________________

clean (propre) ______________________

conscious (conscient) ______________________

done (fait) ______________________

equal (égal) ______________________

wanted (désiré) ______________________

friendly (amical) ______________________

fortunate (fortuné) ______________________

fit (en forme) ______________________

c) Une autre façon, est d'ajouter **less** au mot:

ex.: — worth (qui a une valeur) **less** (en moins) **worthless** (sans valeur). Bone (os) **boneless** (des os en moins) sans os. Friend (ami) **friendless** (ami en moins,) sans ami. Tire (fatigué) **tireless** (fatigue en moins) sans fatigue, dispos.

2- **Chercher la définition des mots suivants:**

nevertheless ______________________________

voiceless ______________________________

weariless ______________________________

witless ______________________________

workless ______________________________

wrinkless ______________________________

helpless ______________________________

useless ______________________________

3- **Écrire le bon mot:**

sans soin (care__________) ______________________________

sans fatigue (tired__________) ______________________________

sans utilité (use__________) ______________________________

sans ami (friend__________) ______________________________

sans fin (end__________) ______________________________

sans valeur (worth__________) ______________________________

sans parole (speech__________) ______________________________

sans bruit (sound__________ ou noise__________) ______________

sans fumée (smoke__________) ______________________________

sans tête (head__________) ______________________________

sans bornes (bound__________) ______________________________

 sans coeur (heart__________) ______________________________

d) Pour donner le contraire, on place **dis** + (devant le mot)

dis + like (aimer) — ne pas aimer
dis + unite — désunir
disappear — disparaître
disobey — désobéir
discharge — démettre de...
disorder — désordre
distasteful — de mauvais (sans) goût
disapprove — ne pas approuver
disarm — désarmer
disorganize — désorganiser
dishonor — déshonneur
disuse — ne plus servir

e) «**off**» veut dire: ôter (négation) enlever

1- Take off your hat.
Enlevez votre chapeau.
Take off your shoes.
Enlevez vos souliers (chaussures).

2- Keep off the street.
Ne restez pas sur la rue.
Keep off the grass.
Ne marchez pas sur le gazon.

3- The clouds — rolled off to the horizon.
Les nuages se sont dirigés vers l'horizon.

4- The bridge is four miles off.
Le pont est à quatre milles plus loin.

5- Everything was carried off, even the chairs.
Tout a été pris, même les chaises.

20e leçon

Réponses aux **devoirs** de la dernière leçon:

1- **Contraires**

able (unable) — incapable
affected (unaffected) — sans affection
armed (unarmed) — désarmé
aware (unaware) — ignorant, inattentif
born (unborn) — qui n'est pas né
broken (unbroken) — non brisé
button (unbuttoned) — déboutonné,
pas détaché
clean (unclean) — malpropre
conscious (unconscious) — inconscient
done (undone) — défait
equal (unequal) — inégal
wanted (unwanted) — non désiré, indésiré
friendly (unfriendly) — pas amical
fortunate (unfortunate) — infortuné
fit (unfit) — pas en forme

2- **définir:**

a)

nevertheless — néanmoins
voiceless — sans voix
weariless — sans usure
witless — stupide
workless — sans effort, sans travail
breathless — sans vie, souffle
wrinkless — sans ride
helpless — sans défense
useless — sans utilité

b)

careless — insouciant
tireless — sans fatigue
useless — inutile
friendless — sans ami, solitaire

endless — éternel
worthless — sans valeur
speechless — sans parole, bouche bée
soundless — sans bruit, insonore
smokeless — sans fumée
headless — sans tête
boundless — sans borne
heartless — sans coeur

Traduction: Le travail suivant peut sembler difficile à première vue, mais avec l'aide des trois derniers cours on peut se «débrouiller» assez bien. Il faut faire un effort. L'esprit du texte fait suite aux leçons précédentes.

1- Il n'y a pas de pain sur la table et le père qui, hier, était incapable de travailler ne peut rester aujourd'hui bouche-bée devant ce fait.

2- Il est inutile de pleurer, dit-il, je commencerai donc à travailler la semaine prochaine. Il serait injuste et incroyable de ne pouvoir rien faire. Je suis encore capable de donner du bon travail.

3- Demain, je serai prêt, et ma famille ne pourra plus rester sans aide et désarmée pour les jours à venir.

Voici la traduction des **trois** phrases ci-dessus:

1- There is no bread on the table, and the father who was yesterday unable to work, cannot, now, remain speechless in front of the situation.

2- It is useless crying, he says, so I will begin to work soon (next week). It would be unjust and unbelievable not to try to do something, I still can do some good work.

3- To-morrow I will be ready and my family will no longer be helpless and unarmed for the days to come.

Voici quelques phrases pour alimenter une conversation. Apprenez-les bien, et cherchez l'occasion de vous en servir:

1- Do you smoke *(smauke)*? — Fumez-vous?
2- I smoke a little *(lé-teul)*. — Je fume un peu.
3- I have nothing for you. — Je n'ai rien pour vous.
4- Who has taken it? — Qui l'a pris?

5- I do not know *(no)*. — Je ne sais pas.
6- It is impossible to understand. — Il est impossible de comprendre.
7- Will you explain this to me? — Voulez-vous m'expliquer ceci?
8- How much money do you have? — Combien d'argent avez-vous?
9- Please pass me the salt. — S'il vous plaît, donnez-moi le sel.
10- What can I do now? — Que puis-je faire maintenant?
11- What does it matter? — Qu'est-ce que cela peut bien faire?
12- Do not tell what we have done. — Ne dites pas ce que nous avons fait.
13- Where is it? — Où est-il?
14- Do you want anything else? — Désirez-vous autre chose?
15- Have you ever been to France? — Avez-vous déjà été en France?
16- We are moving. — Nous déménageons.
17- Why do you walk *(ou-âke)* so slowly? — Pourquoi marchez-vous si lentement?
18- Turn to the right. — Tournez à droite.
19- Sit down please. — Assoyez-vous s'il vous plaît, ou Prenez un siège.
20- Can you change me a dollar? — Pouvez-vous (changer) me faire la monnaie d'un dollar?

21e leçon

1- Je — I *(aï)*
tu — you *(i-ou)*
il — he, elle — she
nous — we *(ou-ï)*
vous — you
ils, elles — they *(dé)*

2- **Voici leurs combinaisons:**

1- I + you — we
je + vous — nous

2- you + he — you
tu + il — vous

3- He + she — they
il + elle — ils

4- you + me — us
vous + moi — nous

5- him + her — them
lui + elle — leur

6- you + him — you
vous + lui — vous

7- lui + moi — nous
He + I — we

Phrases:

1- **You and I** are eating now (vous et moi)
We are eating now (nous)

2- **You and he** are in the school (vous et lui)
You are in the school (vous)

3- **He and she** are going home (lui et elle)
They are going home (ils)

4- He speaks **to you and to me** (à vous et à moi)
He speaks **to us** (à nous)

5- Robert gave a book to **her and to him** (à lui et à elle)
Robert gave **them** a book (à eux)

6- I speak to **you and to him** (à vous et à lui)
I speak to **you** (à vous)

7- **Lui et moi** partirons demain.
He and I will leave to-morrow.
We will leave to-morrow.

Phrases (drill)

1- We are leaving now (you and I)
Nous partons maintenant (vous et moi)

2- Wait for us (you and me)
Attends-nous (he waits for you — wait for me — He waits for me)

3- They are living here (**he** is living here — She is living here)
Ils habitent ici.

4- He gives them good advices (he gives him — he gives her)
Il leur donne de bons conseils.

5- Come with me.
Viens avec moi.

6- Go with him, her.
Va avec lui — elle.

7- Pay them before we leave.
Paye-les avant que nous partions.

8- I give her this pen — I give him this pen.
Je lui donne cette plume (à elle) — Je lui donne cette plume (à lui)

Look at us and tell us what you think
Regardez-nous et dites-nous ce que vous pensez.

Mettre le bon mot:

1- He takes four books from this shelf and he puts *them* in the box (they, them)

2- The boys and the girls are going skating *they* are glad to play outside (they, them)

3- Tell *them* to cross the street between the white lines (they, them)

4- *They* are waiting for the bus. (they, them)

5- The teachers are in the school *they* will speak to *us* (they, them, we, us)

6- You and I are sick *we* are going to see the doctor (we, us)

7- I gave *them* to you (your, we, them)

8- Here is my picture I give it to *you* (he, we, you, us)

9- (the boy and the girl) *They* understand English very well (he, she, he, they)

10- (Vous et moi) *We* are going to call you.

11- (Il et elle) *They* say you are a good man.

12- (Nous) They want to teach *us* English.

13- We want to teach *them* (à lui, à elle, à eux) French.

Réponses du devoir ci-dessus:

1- them — 2- they — 3- them — 4- they — 5- they... us — 6- we — 7- them — 8- you — 9- they — 10- You and I, We — 11- He and she, They — 12- us — 13- him, her, them.

Traductions:

1- Il prend quatre livres de cette étagère et il les met dans une boîte.

2- Les garçons et les filles vont patiner, ils sont contents de jouer dehors.

3- Dites-leur de traverser la rue entre les lignes blanches.

4- Ils attendent l'autobus.

5- Les professeurs sont dans l'école (à l'intérieur de) ils vont nous parler.

6- Vous et moi sommes malades, nous allons voir le médecin.

7- Je vous les ai donnés

8- Voici ma photo, je vous la donne.

9- Ils comprennent très bien l'anglais.

10- Nous allons vous appeler..

11- Ils disent que vous êtes un homme bon.

12- Ils veulent nous enseigner l'anglais.

13- Nous voulons leur enseigner le français.

22e leçon

C'est une leçon surprise! Elle commence sur un air de musique. Vous connaissez la chanson

Let me call you sweetheart...
Laissez-moi vous appeler chérie...

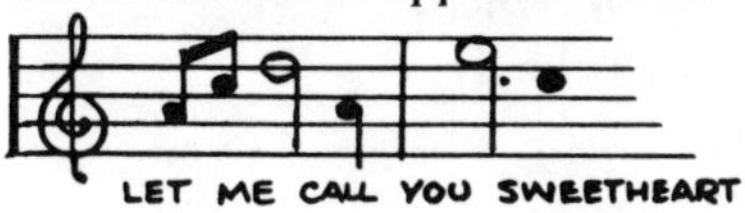

LET LAISSEZ

LET — LAISSEZ

Let me call — Laissez-moi appeler

Let me answer — Laissez-moi répondre

Let me drink  Laissez-moi boire

Let me sleep  Laissez-moi dormir

Let me see  Laissez-moi voir (regarder)

Let me pass  Laissez-moi passer

Il faut saisir le jeu.

En anglais, l'impératif ne correspond pas à l'impératif français. En anglais, LET peut vous permettre de conjuguer ce temps à plusieurs personnes. Il faut employer le pronom approprié:

LET ME — laisse-moi, ou laissez-moi
LET him, her, it — laissez-le, la le
LET US — laissez-nous
LET THEM — laissez-les

DRILL:

1- Let me cut the tree — Laissez-moi couper l'arbre
2- Let me go — Laissez-moi partir
3- Let me tell you — Laissez-moi vous dire
4- Let me think — Laisse-moi penser
5- Let me drive — Laissez-moi conduire
6- Let me pay — Laisse-moi payer
7- Let us sing — Chantons, ou Laissez-nous chanter
8- Let us do it — Faisons-le, ou Laissez-nous le faire
9- Let us go — Allons! ou Laissez-nous aller
10- Let us work for you — Travaillons! ou Laissez-nous travailler pour vous
11- Let him taste it — Laisse-le goûter
12- Let her go — Laissez-la partir
13- Let her cry — Laisse-la pleurer
14- Let them say what they want — Laissez-leur dire ce qu'ils veulent
15- Let them believe it — Laissez-leur croire cette chose

D'après les dessins, trouvez la phrase anglaise, et française

1- 

Let ______________________________

____

2- 

Let ______________________________

____

3- 

Let ______________________________

____

4- 

Let ______________________________

____

5- 

Let ______________________________

____

6- 

Let ______________________________

____

7- 

Let ______________________________

____

Réponses: (answers)

1- Let me cut this tree.
Laisse-moi couper cet arbre.

2- Let her go.
Laisse-la partir (aller).

3- Let me think.
Laissez-moi réfléchir (penser).

4- Let me drive.
Laissez (ou laisse) moi conduire.

5- Let me pay.
Laisse-moi payer.

6- Let me work.
Laisse-moi travailler.

7- Let her taste your ice cream.
Laisse-lui goûter ta crème glacée.

23e leçon

Pour vous habituer à bien observer, à apprendre par l'image, regardez-bien l'illustration ci-dessus, et répondez aux questions posées.

1
Answer the questions

1- Where is the man? — The man ______________________________

2- Where is the lamp? ______________________________

3- What time is it? — It ______________________________

4- What do you see on the table? — On ______________________________

5- How is the weather? — It ______________________________

6- What is the man doing? — He ______________________________

7- What do you see on the ceiling? — On ______________________________

8- Where is the umbrella? — The ______________________________

9- Do you say: the man sleeps, or the man is sleeping? — ______

2
Say YES or NO

1- This is a picture ______

2- The cat is under the table ______

3- The chair is near the table ______

4- The door is closed ______

5- The man stands near the door ______

6- There are two beds in the room ______

7- I see things on the table ______

8- The comb is on the chair ______

9- The hat is on the table ______

10- The man is sleeping ______

11- It is a rainy day ______

12- The umbrella is under the bed ______

13- I see a dresser in the room ______

14- The brush is on the table ______

15- Therc are two windows ______

16- A lamp is on the dresser ______

17- A picture is hanging over the table ______

18- The hat is on the chair ______

19- A book is on the floor ______________________

20- There is a hole in the ceiling ______________________

3
Mettre le bon mot, à la bonne place

sleeping, picture, brush, rainy day, table, a, in, through, he, comb, is, go, morning, happy, ceiling, windows.

The man in this picture is Mr Jones he is in his room. He is sleeping. We see a cat under the __________ and __________ the window we can see that it is a __________. A __________ and a __________ are on the table while the hat __________ on the chair. It is nine o'clock in the __________. Soon he will have to __________ to work. His bedroom has two __________ and a hole in the __________. Mr Jones seems __________.

4
Right or Wrong, d'après le dessin:

1- The man is **under** the bed wrong

2- The cat is **on** the chair wrong

3- The book is **on** the table wrong

4- The man wears shoes wrong

5- **Through** the window I see the sun wrong

6- **It** is six o'clock wrong

7- On the table I see two brushes wrong

8- The book is open right

9- The man sits on the bed _____wrong_____

10- The cat is sleeping _____right_____

11- The man goes to the window to close it _____wrong_____

12- On the door I see an overcoat _____right_____

13- In this picture I see two umbrellas _____wrong_____

14- There is a shade on the lamp __________

15- The window has curtains _____right_____

16- The table has a drawer __________

17- A picture is hanging on the wall _____right_____

18- The man is reading his morning papers _____wrong_____

19- This is a fine picture showing a man trying to rest

_____right_____

24e leçon

Going shopping!

Mr. SHOPPING CENTER
(centre commercial)

1- Grocery
2- Hardware
3- Drug Store
4- Bank
5- Shoe Store
6- *Ladies-Wear*
7- Sewing Center
8- Milk-Bar
9- Travel-Agency
10- Hat-Shop
11- Pet-Shop
12- Library-Book Shop
13- Bus-Terminal
14- Department Store
15- Auto-Parts
16- Shoemaker
17- Medical-Center
18- First-Aid
19- Rest-Room
20- Entrance

21- **One-Way**

Traduction

1- *(gro-seu-ri)* Épicerie
2- *(arde-ou-eurr)* Quincaillerie
3- *(drogue-storr)* Pharmacie
4- *(bènnke)* Banque
5- *(chou-storr) Magasin de chaussures*
6- *(lé-dize)* Prêt-à-porter pour Dames
7- *(sou-inngue)* Centre de couture
8- *(mél-que barre)* Comptoir laitier
9- *(tra-veull)* Agence de voyage
10- *(hatte-chope)* Magasin de chapeaux
11- *(pètte-shope)* Boutique de petits animaux
12- *(la-ï-breu-ri)* Bibliothèque
13- Terminus
14- *(di-parte-meuntt)* Magasin à rayons
15- Parties d'automobile
16- *(shô-maker)* Cordonnier
17- Centre Médical
18- Premiers Soins
19- Salle de repos
20- Entrée
21- **Sens unique**

Au téléphone:

«Hi! sister! I am going to the new Shopping Center. Are you coming?

— Which Center?

— You know, Mr. Shopping Center, on Decary Boulevard. To-day is the big day, we get bargains and special offers on account of the opening.

— Well, I will go because I need many things as: shoes, dress, meat and bread, dog's food... You come and get me? I will be ready in ten minutes, let's say at half past two. Be ready by then. Bye!»

Traduire en anglais

Magasin à rayons ______________________________

Magasin de chaussures ______________________________

Magasin de chapeaux ______________________________

Agence de voyage ______________________________

Pharmacie ______________________________

Centre de couture ______________________________

Centre de l'auto ______________________________

Centre médical ______________________________

Terminus d'autobus ______________________________

Bibliothèque ______________________________

In a Shopping CENTER I will find:

Parking *(par-kén-gue)* — Stationnement
Washrooms *(ou-ache-roumes)* — Salles de toilette
Stairs *(stè-rze)* — Escaliers
Elevator *(è-le-vé-teur)* Ascenseur
Newspapers *(ni-ou-ze-pé-peurrs)* — Journaux
Tobacconist *(ta-ba-ko-ni-ste)* — Débit de tabac
Camera Shop *(ca-me-ra)* — Articles de photographie
Flowers *(fla-ou-èrze)* — Fleurs
Drug-store *(drogue stau-re)* — Pharmacie
Pub *(pob)* — Brasserie
Waiting-room *(ou-é-ti-n-gue)* — Salle d'attente
Sauna *(so-na)* — Sauna (Bain)
Showers *(cha-ou-eurze)* — Douches
Bookstore *(bauke-stau-rr)* — Librairie
Hairdresser *(èrr-drèss-seur)* — Coiffeur
Department Store — Magasin à rayons
Laundry *(lonn-dri)* — Laverie, buanderie
Dry-cleaning *(dra-ï-cli-ningue)* — Nettoyage à sec
Fire-extinguisher *(fa-ï-eur èks-ting-gwish-eur)* — Extincteur d'incendie
Conference-room *(kon-feu-reun-ze)* — Salle de réunion
Stationery *(sté-tchieunn-neu-ri)* — Papeterie
Pool *(pou-lle)* — Piscine
Library *laï-breu-ri)* — Bibliothèque
Souvenirs — Souvenirs «cadeaux»
Watch Repair-shop *(ou-acht)* — Réparation de montres «horlogerie»
Banking-services *(bangk'ing)* — Services bancaires
Car Rental — Location de voiture (d'autos)
Flower-shop — Fleuriste
Tourist Office *(tou-riste)* — Bureau du tourisme
Business hours *(a-ou-eurze)* — Heures d'affaires
Lost articles *(lo-ste)* — Objets perdus
Basement *(bé-ise-meuntt)* — Sous-sol
Entrance *(ènn-treun-se)* — Entrée
Dining-room *(daï-ning)* — Salle à manger
Snacks *(snaks)* — Casse-croûte
Accounting Department — Service de comptabilité
Réception *(ri-cèp-tchieunn)* — Accueil

Elevator stop — Arrêt d'ascenseur
Storage *(stô-reuge)* — Entrepôt

John Smith and I are walking down on the Main Street. My mother sent us to the General Store because the «bargain-sale» is on. My mother could have ordered the things by phone but she preferred to send me personally so I could see by myself the good things that were on sale. Now that I learnt the vocabulary used in «business» by clerks and customers I can easily buy the things I want. By the way I must keep in mind the names of the things to buy and also I shall remember not to spend all my money. In fact, I have to buy: (chercher les réponses dans la présente leçon).

une robe ____________________

une machine à coudre ____________________

des mitaines lavables pour petits ____________________

un pantalon ____________________

un habit de neige en nylon, deux pièces ____________________

des chaussettes en laine ____________________

quilt lined trousers with double knees ____________________

rust resistant galvanized garbage can ____________________

four pillows ____________________

a lamp shade ____________________

two washable white shades ____________________

Sales are good things when you know how and what to buy.

Vocabulaire à mémoriser:

Vocabulary *(vo-käb-u-lèr-ï)*

Jersey dress
washable — drip dry and wrinkle free.

Robe en jersey (tricot)
lavable — séchant vite, ne se froissant pas.

Sewing machine
does zig-zag or straight sewing, mends,
makes button-holes.

Machine à coudre.
Fait des piqûres droites ou en zigzag,
des reprises, des boutonnières.

Women's gloves *(glo-ve-ze).*
Gants pour dames.
Black, brown and beige.
Noir, brun et beige.

Kiddies waterproof mittens *(mé-teunze).*
Mitaines imperméables pour enfants.

Cotton mitts with vinyl interlining fieece lined.
Long cuff with elastic wrist.

Mitaines de coton, entredoublure de vinyle et
doublure de molleton, poignet long élasticisé.

Ski Slacks *(slakss).*
Pantalons de ski (fuseaux).

Men's sub-zero coat.
Veste «grand-froid» (sous zéro).

Warm all wool hose for men.
Chaudes chaussettes en laine pour hommes.

Knee length.
Longueur aux genoux.

Boy's two-piece nylon snow-suit.
Habit de neige en nylon, deux-pièces, pour garçons.

Quilt lined trousers with double knees.
Pantalons avec doublure matelassée et genoux doubles.

Flanelette blanket.
Couverture de lit de finette.

Softy napped, firm even weave.
Fini duveteux, tissure uniforme et serrée.

Lamp-shade.
Abat-jour.

Top — haut; bottom — bas;
height — hauteur; price — prix.

2- Trouser suit.
Complet à deux pantalons.

Fine quality English wool worsted.
Tissu «worsted» de laine, de qualité supérieure.

Neat small checks patterns and plains.
Motifs de quadrillés fins, et tons unis.

High chair.
Chaise haute.

Galvanized steel garbage can.
Poubelle en acier galvanisé.

Rust-resistant — side handles.
Anti-rouille — poignées de côté.

Feather pillows.
Oreillers de plumes.

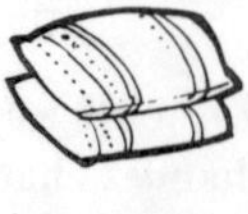

Pillows well-filled with chicken feathers.
Oreillers bien remplis de plumes de poulets.

Electric saw.
Scie électrique.

Washer.
Lessiveuse (laveuse).

Two-speed washing, wringing, pumping.
Deux-vitesses de lavage, essoreuse,
pompe aspirante.

Plastic shower curtain set.
Rideau de douche en tissu plastique.

You cannot find better value for such low price.
Vous ne pouvez trouver une meilleure qualité à un
prix aussi bas.

Rockers.
Fauteuil oscillant (berçant).

Swivel chair.
Fauteuil pivotant.

Shoes, hand made.
Souliers, fait-à-la-main.

Cambric shades.
Stores de toiles.

Washable, white, cream, green.
Lavable, en blanc, crème, vert.

Girdle *(geurdeul).*
Gaine.

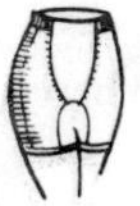

Two styles in rayon and nylon power net.
Deux modèles, en filet résistant, rayonne et nylon.

Boy's cotton T-shirt.
Chandail en coton, pour garçon.

Scarf.
Foulard.

The best value.
La meilleure valeur.

Bathing suit.
Maillot de bain.

Neat appearence, pleasant to wear.
Belle apparence, agréable à porter.

Men's underwear.
Sous-vêtements pour hommes.

Preshrunk.
Pré-rétréci.

Step ladder.
Escabeau.

Answer the questions: *(ân-sèr)*

Where do you buy «pills»? ____________________

Where do you wash your hands? ____________________

Where do you buy books? ____________________

Where do you buy cigarettes? ____________________

Where do you buy flowers? ____________________

Where do you find clothes, boy's cotton T shirt? ____________________

____

Where do you buy your newspaper? ____________________

Where do you change your money? ____________________

Where do you bring your shoes to get repaired? ______________________

____

Where do you get new tires? ______________________

Where do you find nails and a hammer? ______________________

Where do you park your car? ______________________

Where do you get your plane's ticket? ______________________

Where do you buy a hat? ______________________

Where do you go for your hair-do? ______________________

Name ten stores you can find in a Shopping Center

1- ____________ 2- ____________ 3- ____________

4- ____________ 5- ____________ 6- ____________

7- ____________ 8- ____________ 9- ____________

10- ____________

25e leçon

Do you know? — Savez-vous? ...

a) **Phrases à mémoriser:**

1- Do you know how to drive *(dra-ï-ve)* a car?
Savez-vous conduire une voiture?

2- Do you know the safety rules?
Connaissez-vous les lois de la circulation?

3- Do you know your way out?
Savez-vous où est la sortie?

4- Do you have your license plates *(plé-itze)*?
Avez-vous vos plaques d'immatriculation?

5- Do you have your driver's permit?
Avez-vous votre permis de conduite?

6- Do you have your service-book?
Avez-vous votre livre d'entretien?

7- Do you know how to change a tire?
Savez-vous comment installer le pneu de secours?

8- What kind of oil do you put in your car?
Quelle huile utilisez-vous dans le moteur de votre auto?

9- Fill it up, please.
Faites le plein, s'il vous plaît.

10- Clean my windshield.
Lavez mon pare-brise.

11- Check my oil, please.
Vérifiez l'huile s'il vous plaît.

12- Check my battery.
Vérifiez la batterie.

13- Check my brakes *(bré-i-kêze)*.
Examinez les freins.

14- Check my tires.
Vérifiez les pneus.

15- Put on the radio.
Ouvre le poste de radio.

16- Put on my winter tires.
Mettez les pneus d'hiver.

17- Change the front left tire.
Changez le pneu avant, gauche.

18- Check my horn, it doesn't work.
Vérifiez le klaxon, il est défectueux.

19- Fix my right door handle.
Ajustez la poignée de porte, côté droit.

20- Give me a new key. *(ni-ou qui)*
Donne-moi une nouvelle clé.

21- Check my back-up lights.
Vérifiez les feux de recul.

22- Change my points, my spark plugs, my belt.
Changez les pointes, les bougies, la courroie.

23- Wash my car.
Lavez ma voiture.

24- Where do I park my car?
Où dois-je stationner mon auto?

25- Leave the keys in your car.
Laissez les clés dans l'auto.

Do you know the regulations *(ré-gu-la-shun)*?

Connaissez-vous les règlements (de la circulation)?

stop
arrêt obligatoire

squeeze to the right
tasser vers la droite (aller)

yield *(i-è-lde)*
céder

Keep right *(ra-i-tt)*
Garder la droite

maximum speed
vitesse maximum

thaw *(tô)*
dégel

minimum speed
vitesse minimum

turn left only
à gauche seulement

straight ahead or turn left
continuer tout droit
ou tourner

straight ahead
tout droit

parking
stationnement

turn right or left
à droite ou à gauche

no U turn
défense de tourner en U

no pedestrians
interdit aux piétons

do not enter
ne pas entrer

school crosswalk
traverse d'écoliers

no bicycles
interdit aux cyclistes

playground crosswalk
traverse-terrain de jeu

no passing
défense de doubler

narrow bridge
pont étroit

one lane
une voie

road narrows
chemin étroit

bumpy road
chemin cahoteux

sharp right curve
courbe raide

no litter
pas de déchets

traffic signal ahead
feux de circulation en avant

slow
ralentir

men at work
hommes au travail

crossing: deer

traverse: chevreuil

crossing: moose

traverse: orignal

crossing: truck

traverse: camions

crossing: railway

traverse: chemin de fer

divided highway
voies séparées

two-way traffic
circulation en deux sens

Cardinal points: points cardinaux

North — nord

East — est

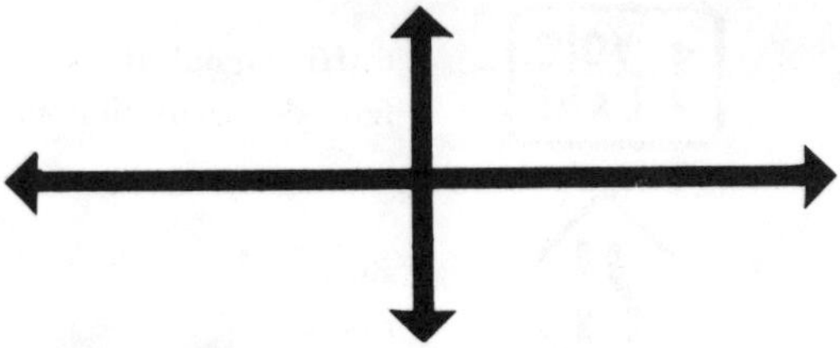

West — ouest

South — sud

End
fin

toll autoroute
poste de péage

rest area
site de repos

junction *(jungk-shun)*
rencontre des routes

dead end
cul-de-sac

hospital zone
zone d'hôpital

parking area
stationnement

first aid station
premiers soins

lodging
hôtellerie

camping
campement

Never forget to:

1- Drive safely

2- Follow the rules

Turning left

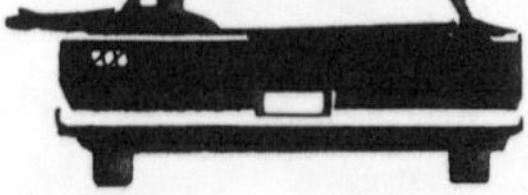

Turning right

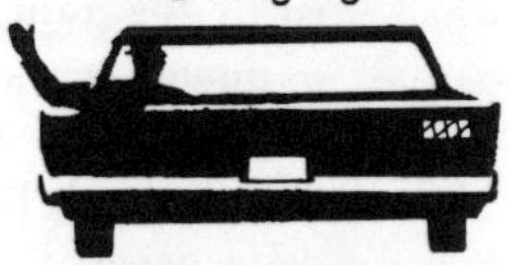

Stopping or slowing down

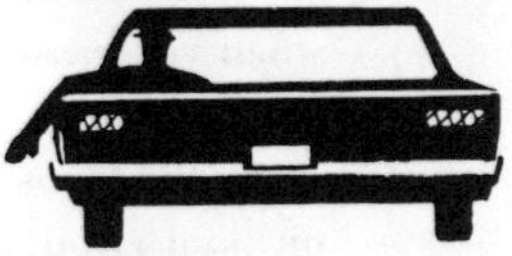

3- Always indicate your intention: by hand or by the signal lights.

Happy motoring

Have a good trip

See you next week

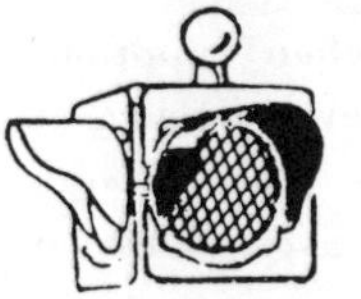

Red light indicates a full stop

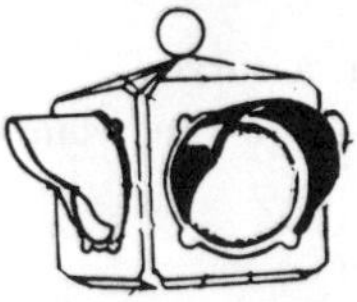

Green light permits drivers to proceed

Green light (with arrow) proceed in the direction indicated even though one light is red, as long as the way is clear.

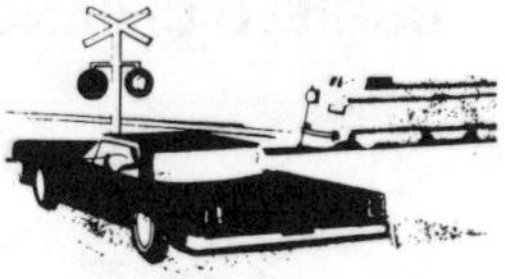

Motorists must stop at least 15 feet from a railway-crossing when the electrical device signals an approaching train.

Never pass

a) when approaching the top of a hill.
— en montant une côte.

b) when visibility is reduced by fog, rain or snow.
— quand la visibilité est réduite à cause du brouillard, de la pluie ou de la neige.

c) when you cross a narrow bridge.
— quand vous traversez un pont étroit.

d) when approaching a level-crossing.
— aux abords d'une traverse à niveau.

e) in a curve.
— dans une courbe.

AVOID ACCIDENTS DRIVE SAFELY!

Do you know your car?

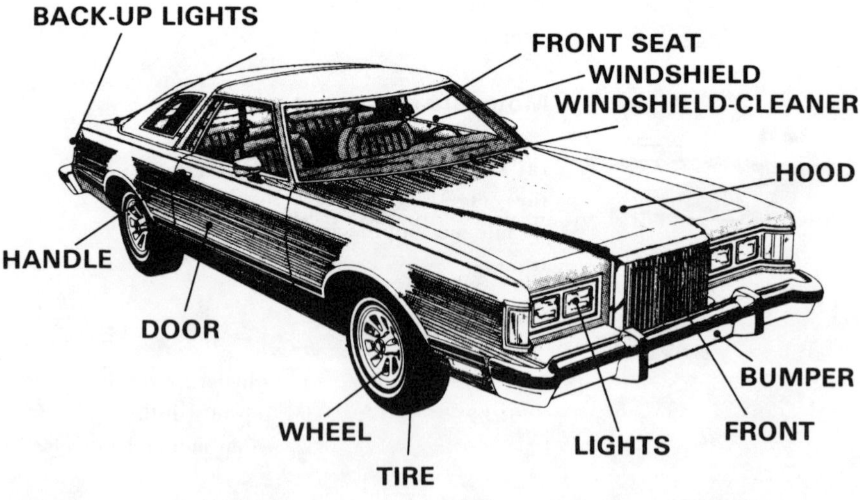

RADIO: AM with push-button tuning and dash-mounted speaker.
AM avec boutons-poussoirs et haut-parleur encastré dans le tableau de bord.

AM-FM Stereo with 10 push-button choices (5 AM and 5 FM) — 4 speakers: 2 door-mounted, 2 rear.
AM-FM stéréophonique à boutons pressoirs — 10 choix de stations (5 AM et 5 FM) avec 4 haut-parleurs (2 dans les portières et 2 à l'arrière).

Color-keyed De-luxe belts
Ceintures de sécurité de luxe, en couleurs assorties

Belted and radial tires
PNEUS radiaux, ceinturés, à flancs blancs

Air-conditioner: climatisation

Electric clock: horloge électrique

Electric rear window defroster: dégivreur-arrière électrique

Two-door hardtop: deux portières et toit rigide

Four-door hardtop: quatre portières et toit rigide

Automatic transmission: transmission automatique

Power steering: servo-direction

Power-brakes: servo-freins

Full-lenght padded front door armrests: grands accoudoirs rembourrés aux portières avant

Ash-trays: cendriers

Hood ornament: décoration de capot

Trunk: coffre à bagages

Dual-note horn: avertisseur (klaxon) deux sons

Trunk light: éclairage du coffre

Silver metallic: métallisé argent

Donner le nom en français

power brakes ___________ air conditioner ___________ handle ___________

power steering ___________ two-door hard-top ___________ back-up lights ___________ trunk ___________ ash-trays ___________ windshield ___________

wheel ___________ tires ___________ electric clock ___________ hard-top ___________ hood ___________ .

26e leçon

Bon voyage! HAVE A GOOD TRIP!

Conversation: *(kon-ver-sa-shun)*

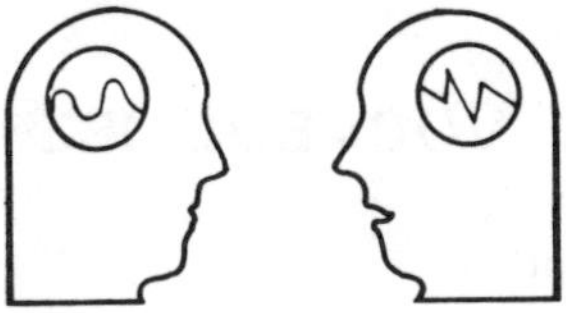

1- Where are you going?
Où allez-vous?

2- I am going on a trip. I am leaving...
Je pars en voyage, (en excursion). Je quitte...

3- When are you leaving?
Quand partez-vous?

4- Next monday, at ten.
Lundi prochain, à 10 heures.

5- How long will you be absent?
Combien de temps serez-vous absent?

6- I am leaving for a month.
Je pars pour un mois.

7- Are you going by train?
Voyagez-vous par train?

8- From Dorval I will fly to Spain; I will go to Naples by boat, then by train, I will reach Rome and visit the Alps by bus.
De Dorval je prends l'avion pour l'Espagne; je me rendrai à Naples par bateau, puis par train j'irai à Rome et je visiterai les Alpes par autobus.

9- Who made your reservations?
Qui s'est occupé de vos réservations?

10- Vienar Travel Agency took care of my reservations.
L'Agence de Voyage Vienar s'est occupée de mes réservations.

11- Bon voyage! Send me a postcard and give my best regards to John.
Bon voyage! Envoie-moi une carte postale et fais mes salutations à Jean.

12- I will. Thank you.
Sûrement. Merci.

VOCABULAIRE

Guichet, Bureau — ticket office
Départs — departure
Arrivée — arrivals
Billet aller-retour — round trip ticket
Horaire — time table
Prix — fare
Location d'auto — car rental
Faites vos réservations maintenant — make your reservations now.
Billet de lère classe — first class ticket
Par avion — by air
Par mer — by sea
Par autobus — by bus
Postes par avion — by air mail

When you travel

Situations: situations *(sit-u-a-shuns)*

Phrases à compléter:

1- If you are lost you call the police

Si vous êtes perdu ____

2- If you are sick you ask for a doctor

Si vous êtes malade ____

3- If you are hungry you stop at a restaurant

Si vous avez faim (si vous voulez manger) ____________________

4- If you go to Europe you need a passport

Si vous allez en Europe ____

5- If your car won't start you call the garage

Si votre auto ne démarre pas ________________________________

6- If you have luggage you take an insurance

Si vous avez des bagages ____

7- If you have money you buy traveller's cheques

Si vous avez de l'argent ____

8- If you visit a city take a City Tour Bus or Sight-seeing Tour.

Si vous visitez la ville ____

9- If you need information stop at a tourist office

Si vous voulez des renseignements ____________________________

10- If you are tired do not drive at night

Si vous êtes fatigué ____

11- If you are alone don't speak to strangers

Si vous êtes seul ____

12- If you have jewelries, put them in a safety box

Si vous apportez des bijoux ________________________________

13- If your shoes need repairing see a shoemaker

Si vos souliers ont besoin ________________________________

14- If you fly (by plane) you go to the Airport

Si vous voyagez par avion ________________________________

15- If you travel by train you go to the Station

Si vous voyagez par train (Chemin de Fer) ____________________

16- If you need stamps you go to the Post-Office

Si vous désirez des timbres ________________________________

17- If you need money you go to the Bank

Si vous avez besoin d'argent ________________________________

18- If you have a time-table you know the departures

Si vous avez un horaire ________________________________

19- If you go from one country to another you may go through Custom Inspection

Si vous passez une frontière ________________________________

20- If you travel, bring your tooth-brush, tooth-paste, your electric-shaver, your comb and your soap

Si vous voyagez, apportez votre ________________________________

21- If you need gas you stop at a gazoline-station

Si vous avez besoin de gaz ________________________________

22- If you need food you stop at a Grocery-store

Si vous avez besoin d'aliments (nourriture) ____________________

23- If you need medical supplies you go to a Drug-store

Si vous avez besoin de médicaments ____________________

24- If you need writing paper go to the stationery

Si vous avez besoin de papeterie ____________________

25- If you do not obey traffic rules you will pay fines

Si vous désobéissez aux règlements ____________________

26- If you want breakfast, dinner or supper, ask for the Menu

Si vous voulez déjeuner, dîner ou souper ____________________

27- If you travel, cancel papers, milk and bread before leaving

Si vous partez, cancellez ____________________

28- If you travel for a long-time, have a check-up before leaving

Si vous partez pour un long séjour ____________________

29- If you want to enjoy life travel every year

Si vous voulez jouir de la vie ____________________

30- If you know English you will be able to visit England, the United States, Western part of Canada and many more countries

Si vous parlez anglais ____________________

____

Liste de noms de divers pays

Yougoslavie — Yugoslavia *(ï-ou-go-slé-vi-a)*

Turquie — Turkey *(teur-ké)*
Nouvelle-Zélande — New Zealand *(ni-ou-zi-leunde)*
Allemagne — Germany *(jer-me-ni)*
Jamaïque — Jamaïca *(gia-ma-ï-ka)*
Mexique — Mexico *(mex-i-co)*
Hongrie — Hungary *(honn-gueu-ri)*
Pologne — Poland *(peau-leunde)*
Portugal — Portugal
Corée — Korea *(ko-ri-a)*
Roumanie — Roumania *(ro-mé-ni-a)*
Indes — India
Grèce — Greece ((*gri-ce)*
Égypte — Egypt *(i-geuip-te)*
Brésil — Brazil *(bra-zi-ill)*
Belgique — Belgium *(bèll-gi-umm)*
Bahama — Bahamas
Australie — Australia *(a-ou-stré-li-a)*
Grande-Bretagne — Great Britain *(gré-it-bré-teunn)*
Japon — Japan *(gi-a-peunn)*
Espagne — Spain *(spé-inn)*
Suisse — Switzerland *(sou-itz-eurr-lènde)*
Italie — Italy *(i-ta-li)*
U.R.S.S. — U.R.S.S. *(i-ou-arr-ss-ss)* Russie
France — France *(frè-n-se)*
États-Unis — United States *(ï-ou-na-ï-teud sté-tes)*
Irlande — Ireland *(a-ï-eur-lènn-de)*
Norvège — Norway *(naur-ou-é)*
Danemark — Denmark *(dènn-mar-ke)*
Suède — Sweden *(sou-i-deunn)*
Finlande — Finland *(fine-lènn-de)*
Hollande — Netherlands *(ni-deur-lènn-de)*
Cuba — Cuba *(ki-ou-ba)*
Perou — Peru *(pè-rou)*
Israël — Israel *(i-sra-èull)*

Écrire le nom anglais

Suède ______________ Suisse ______________ Corée ______________

Allemagne __________ Russie ____________ Grande Bretagne ____

Espagne ______________	Brésil ______________	Japon ______________
France ______________	Pologne ______________	Chine ______________
Italie ______________	Mexique ______________	Grèce ______________

Conversation

Who are you? — Qui êtes-vous?

I come from Italy, I am Italian (italien)
You come from France. You are French (français)
He comes from Israel. He is Jewish (juif, israélite) ou he is a jew
We come from England. We are English (anglais)
You were born in Ireland. You are Irish (irlandais)
They come from Russia. They are Russians (russes)
You are from the United States (U.S.A.) You are Americans (américains)
He is from Canada. He is Canadian (canadien)
You are from Germany. You are German (allemand)
They are from China. They are Chinese (chinois)
They come from Japan. They are Japanese (japonais)

In a hotel, motel or Inn:

You check in at — Vous vous enregistrez
You check out at — Vous quittez la chambre
You ring for the maid — Vous sonnez la femme de chambre *(mé-ï-de)*
You ask for your room number — Vous demandez le numéro de
You leave the keys at the desk — Vous laissez les clés au contrôle
You take a shower with hot and cold water — Vous prenez une douche à l'eau chaude et froide
Like they say in the ads: never leave home without your credit-cards. Don't forget.
A payment guaranteed all-night reservation holds a room all night in your name. If you find it necessary to cancel your reservation, you must do so before 6 P.M. to avoid being billed for the accomodations.
For fast, free, world-wide reservations call your nearest Travel Agency. Eliminate unpleasant surprises: reserve a big comfortable bed with fresh sheets, soft pillows and prompt service in clean surroundings.
In some hotels, children under 12 always stay free with their parents when using the same room. You pay extra for a rollaway bed, but cribs are free.
Relax and have some fun: swimming, pool-side dining, shuffle-board, table games or watching T.V.

Rates do not include federal or state taxes unless indicated in listing.
Credit cards are honoured.
Barber Shop — room service — restaurant — lounge — pool — efficiencies
Sorry: No pets.

27e leçon

Going out to-night? — Vous sortez ce soir?

A) For supper

We will change place	Nous changerons d'endroit
For something new	Pour quelque chose de nouveau
For a cosy corner	Pour un coin confortable
Do you go alone?	Allez-vous seul?
Do you go with someone?	Y allez-vous accompagné?
Do you go out for a special occasion?	Sortez-vous pour une occasion spéciale?
Do you come along?	Viens-tu?
Do you invite me?	M'invites-tu?
As we say: three is a crowd!	Comme on dit: trois, c'est une foule!
Will we leave soon?	Partons-nous bientôt?
Do you have any ideas where we are going?	Avez-vous une idée où nous allons
Will you come back late?	Reviendrez-vous tard?
How long will you stay out?	Serez-vous longtemps parti?
May I have the Menu?	Puis-je avoir le Menu?
Be seated please	Asseyez-vous. Prenez place
May I order now?	Puis-je commander tout de suite?
Would you like a glass of water?	Désirez-vous un verre d'eau?
Anything to drink before we eat?	Un apéritif avant de manger?
I will take orange juice, home-made soup, vegetables with well-done steak, hot tea, apple pie with ice-cream.	Je désire un jus d'orange, une soupe-maison, des légumes avec un steak bien à point (cuit), thé chaud, tarte aux pommes avec crème glacée.
It was a delicious supper!	Ce fut un repas délicieux
May I have my check please	Donnez-moi la note (l'addition) s.v.p.
I will call a «cab» and we will go down-town	J'appelle un taxi et nous irons dans le Centre-ville
How do you like my evening-dress?	Comment aimes-tu ma robe de soirée?
You are prettier in full-dress	Tu es plus jolie en grande tenue

B) Going to the Movies (cinéma)

Do you go by bus, by metro or do you take your own car?	Allez-vous par autobus, par le metro, ou prenez-vous votre voiture?
When will you leave?	Quand partez-vous?
Did you invite your cousin, your nephew and your brother-in-law?	Avez-vous invité votre cousin, votre neveu et votre beau-frère?
Which movies do you prefer: love story, western, adventure or sex movies?	Quel genre de film préférez-vous: romantique, «western», aventure ou sexe?
Do you prefer front seats?	Aimez-vous mieux les places en avant?
To-night, standing-room only	Ce soir, places debout seulement
Please keep silence	Ne faites pas de bruit, s.v.p.
Watch the step please	Surveillez la marche s.v.p.
Take seats number 9 and 12	Prenez les sièges numérotés 9 et 12
May I have your tickets please	Puis-je avoir vos billets s.v.p.?
Keep moving, don't stand there	Circulez, ne restez pas là.
Please get me a drink, I am thirsty	Va me chercher à boire, j'ai soif
Quench your thirst with this lemonade	Désaltères-toi avec cette limonade
In spite of the big crowd, we went in just the same	Malgré l'affluence, nous sommes tout de même entrés
Instead of waiting we turned back	Au lieu d'attendre, nous sommes partis
Unless you want to stay I rather go home	À moins que vous vouliez rester je rentrerais plutôt à la maison
After all, there is no reason for you being sorry	Après tout, il n'y a pas de quoi vous peiner
Push over a little and take your hands off me	Tassez-vous un peu et ne me touchez pas
So I thought	C'est bien ce que je pensais
How long shall I have to wait?	Combien de temps faudra-t-il attendre?
Let's take the short cut to go home	Prenons le raccourci vers la maison
What is the rush? I am tired	Qu'est-ce qui vous presse? Je suis fatigué

Going to the Hospital

In which room is Mister John?	Quelle chambre M. Jean occupe-t-il?
Room 312, on the third floor	Chambre 312, au troisième étage
John wants to stay here whether you like it or nor	Jean veut rester ici, que tu le veuilles ou non
I did not expect to see you here!	Je ne m'attendais pas à te voir ici!
Well I became dizzy all of a sudden	Je me suis senti étourdi subitement

How do you feel now?	Comment te sens-tu maintenant?
When do you leave the hospital?	Quand quittes-tu l'hôpital?
Not before next week, I have to pass a few more tests	Pas avant la semaine prochaine. Je dois passer encore quelques examens
Who is your doctor?	Qui est ton médecin?
Are you well-taken care of in this hospital?	Êtes-vous bien traité dans cet hôpital?
The food is fine and the nurses are cute!	La nourriture est excellente et les infirmières fort gentilles!
What do you expect then?	Que voulez-vous de plus, alors?
My health and the door...	Ma santé, et la porte...
I hope you can leave soon	Je vous souhaite de partir bientôt
It is about time we leave	Il est à peu près temps que nous (partions) vous quittions
Hope to see you soon	J'espère te revoir bientôt
The best of luck!	Beaucoup de chance!

28e leçon

«Les petites annonces» Ads

Announcements and Memorial Notices

Births *(beur-tz)* — naissances
Adoptions *(à-dop-shuns)* — adoptions
Christenings *(cri-steu-nén-guecze)* — baptêmes
Deaths *(dèth)* — mortalités
Requiem Masses *(mas-seuz)* — messes pour les morts
Cards of thanks *(thanks)* — remerciements
Cards of sympathy *(sim-pa-thi)* — condoléances, sympathies
Obituaries *(ô-bit-u-èr-ï)* — nécrologies

To Rent
Wanted
to let
for Sale
Real estate

Property for sale	Propriété à vendre
Cute and cosy	Agréable et confortable
3 bedrooms	3 chambres à coucher
walk to train	à proximité de la gare
2 bathrooms	2 salles de bain
basement	sous-sol
low-priced	bas prix
call now	appelez immédiatement
Country-house for sale	**Chalet à vendre**
beautiful chalet on lake	chalet près d'un lac
boat-house	remise pour bateau
all-furnished	entièrement meublé

fireplace	cheminée, foyer
all services	tous les services
landscaped property	terrain paysagé
electric heating	chauffage à l'électricité
playroom	salle de jeu
terms to be discussed	conditions à débattre

HOUSE TO LET / STORE TO LET — MAISON À LOUER / MAGASIN À LOUER

To let *(tou-lètt)* Office	Bureau
à louer — Apartments	Appartements — logements
House	Maison
Dwelling	Résidence
Store	magasin
Equipment	Équipement
Rooms	Chambres

ARTICLES FOR SALE — ARTICLES À VENDRE

Musical instrument	Instrument de musique
Rugs *(ro-gue-ze)*	Tapis, carpettes
Bedroom set	Mobilier de chambre à coucher
Stove	Poêle
Kitchen table	Table de cuisine
Pets *(pè-t-ze)*	Petits animaux
Washer-dryer	Laveuse-sécheuse
Chair	Chaise
Baby carriage	Voiture de bébé
Tire	Pneu
Lady's winter coat	Manteau d'hiver, pour dame
Door	Porte
Window	Fenêtre
Oil paintings	Tableaux, peintures à l'huile
Dish-washer	Laveuse à vaisselle

Cherchez-vous du travail? — Looking for a job?

Manager	Directeur
Foreman	Contremaître
Radio T.V. announcer	Annonceur
Shipper	Expéditeur

Cook	Cuisinier, cuisinière
Bookkeeper *(bauke-ki-peurr)*	Teneur de livres
Accountant	Comptable
Part time job	À temps partiel
Cashier	Caissier
Butcher	Boucher
Teacher	Instituteur
Bilingual salesman	Vendeur bilingue
Janitor	Concierge
Security Guard	Service de sécurité
Secretary	Secrétaire
Waitress *(ou-é-treusse)*	Serveuse
Taxi driver	Conducteur de taxi
Typist	Dactylographe
Switchboard operator	Standardiste
Office clerk	Commis
Baby sitter	Gardien(ne) d'enfant
Notary	Notaire
Engineer	Ingénieur
Hair-dresser	Coiffeur
Carpenter	Menuisier
Window cleaner	Laveur de vitres
Truck driver	Chauffeur de camion
Watchman *(ou-atch-meunn)*	Gardien (de nuit)

Conversation

If you are a bright, young, excellent typist and good at figures, we have a position for you: good salary, pleasant working, good conditions, coffee break. Apply now.

Si vous êtes intelligent, jeune, bon dactylo et rapide en calcul, nous avons une situation pour vous: bon salaire, travail intéressant, conditions avantageuses, pauses-café. Posez votre candidature. (Faites tout de suite votre demande d'emploi).

GRAND OPENING — INAUGURATION

Easy living at a low rent... still possible in Montreal

Note all these advantages:

1- electric heating with thermostat in each room.
chauffage à l'électricité, avec thermostat dans chaque pièce.

2- modern kitchen with refrigerator and stove.
cuisine moderne avec réfrigérateur et poêle.

3- heated indoor pool and sauna.
piscine intérieure chauffée, et sauna.

4- indoor parking.
stationnement intérieur.

5- laundry room.
buanderie — salle pour la lessive.

6- rooms air-conditioned for your convenience.
climatisation pour votre confort.

7- only  to pay.
seulement le téléphone à payer.

8- 5 minute walk from the Shopping center.
à 5 minutes du Centre d'achats.

9- doorman service.
portier.

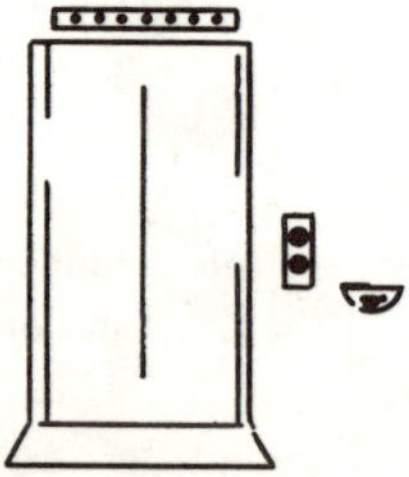

10- silent elevator.
ascenseur silencieux.

11- fireplace and wall to wall carpeting.
foyer naturel, tapis de mur à mur.

12- picture window.
fenêtre panoramique.

29e leçon

Es-tu sportif? — Are you a sportsman?

Aimez-vous les jeux et les sports? — Do you like games and sports?

Which one do you prefer the most? — Lequel préfères-tu?

Aviron — Rowing *(rô-ouingue)*

Basket-ball — ballon au panier

Boxe — boxing *(box-ingue)*

Canoë — Canoeing

Cyclisme — Cycling *(saï-clén-gue)*

Escrime — fencing *(fènn-sén-gue)*

Football — football — ballon de pied

Haltérophilie — weightlifting

Hockey — hockey, gouret

Lutte — wrestling *(rè-s-tléngue)*

Natation — swimming *(sou-é-mén-gue)*

Tir — shooting *(shou-tén-gue)*

Tir-à-l'arc — archery *(ar-tcheu-ri)*

Volley-ball — ballon-volant

Yachting — sport nautique, navigation

Bowling — quilles

Quel sport pratiques-tu?

Traduire en français — Translate

1- Rowing ____________________ 6- Swimming ____________________

2- Boxing ____________________ 7- Wrestling ____________________

3- Canoeing ____________________ 8- Weightlifting ____________________

4- Archery ____________________ 9- Fencing ____________________

5- Volleyball ____________________ 10- Cycling ____________________

Prononciation des mots:

Stand de tir — Shooting range *(chou-tén-gue)*
Terrain de tir à l'arc — Archery field *(fill-deu)*
Stade — Stadium *(sté-di-eumm)*
Palais des sports — Sports Palace *(pal-as)*
Partie, divertissement — Game *(gué-i-me)*
Parc — Park *(pârk)*
Centre — Centre *(sè-n-teur)*
Piscine — Pool *(pou-l)*
Douche — Shower *(châ-ou-eur)*
Visiteurs — Visitors *(vi-zi-teurze)*
Plongeon — Diving *(da-ï-véngue)*
Entraînement — Training *(tré-néngue)*
Championnat — Championship

Reading — Lecture

Sports information

Information on all sports, such as time-tables of competitions, training schedule will be available soon.

Hockey is a «kind» of fever in Quebec during winter months. From early fall throughout long winter months, fans follow hockey events.

Just for the fun of it, get a group together and join in the fun... get ready!

Renseignements sportifs

Les données, tels les horaires de compétitions, les calendriers d'entraînement seront bientôt fournies.

Durant les mois d'hiver, le hockey est presque une «fièvre» au Québec. Dès le début de l'automne et tout au long des longs mois d'hiver, les partisans suivent les joutes de hockey.

Simplement pour le plaisir de la chose, groupez-vous et ayez du plaisir... Soyez prêts!

It's interesting to see that skiing is the only vigorous sport in which the majority of the participants are physically unfit. Most men and women sit all week then tear off to the hills for a day... get together, get ready and have fun!

Il est curieux de constater que le ski est le sport le plus pratiqué par des gens physiquement non préparés. La plupart des hommes et des femmes, assis toute la semaine, s'exténuent sur les pentes pour une seule journée. Groupez-vous, préparez-vous, ayez beaucoup de plaisir!

July and August offer you the occasion to have a good swim in one of our beautiful lakes. Do you know how to swim? Learn it! This may save your life and will keep you in good shape. Enjoy swimming in cool and fresh waters.

Juillet et août vous offrent l'occasion de vous baigner dans un de nos magnifiques lacs. Savez-vous nager? Apprenez vite. Ceci sauvera peut-être votre vie, et vous gardera en «forme». Profitez d'une bonne baignade dans des eaux fraîches et douces.

Keep your body in good shape by doing good exercise through good sports.

Gardez-vous en forme par l'exercice et les sports.

Suggestions: Faire un album avec des coupures de journaux anglais, exclusivement avec des photos et des chroniques sportives. C'est un moyen facile d'augmenter ses connaissances dans ce domaine.

30e leçon

1ère partie

Get your score on book I and see how good you are in your English! Do the following exercices and write down your notes. Good luck!

Exercice 1		5
Exercice 2		5
Exercice 3		10
Exercice 4		5
Exercice 5		10
Exercice 6		20
Exercice 7		10
Exercice 8		5
Exercice 9		20
Exercice 10		10
Total		100

your score ____ / 100 on

Félicitations!

How is your score? I point par bonne réponse.

1- What time is it?

2 h.10 ______________________

3 h.20 ______________________

6 h.30 ______________________

8 h.45 ______________________

9 h.40 ______________________

Bonnes notes 5

Réponses

10 after 2 — twenty past three — six-thirty or half past six — a quarter to eight or eight-forty-five — nine-forty.

2- Traduire en anglais:

Viens-tu avec moi? ______________________

Es-tu venu hier au bureau? ______________________

Viendras-tu avec lui? ______________________

Viendrais-tu avec moi? ______________________

Est-ce qu'il a mangé? ______________________

Bonnnes notes 5

Réponses:

Do you come with me? — Yesterday did you come to the Office? — Will you come with him? — Would you come with me? — Did he eat?

3- Traduire en anglais, au présent:

Je mange ______________________

Tu travailles ______________________

Il écrit ______________________

Nous voyons ______________________

Vous partez ______________________________

Ils vont ______________________________

Tu obtiens ______________________________

Il veut ______________________________

Nous achetons ______________________________

Ils appellent ______________________________

Bonnes notes | 10

Réponses:

I eat — You work — He writes — We see — You leave — They go — You get — He wants — We buy — They call.

4- Traduire en français:

Monday I got to work ______________________________

Thursday I will call you ______________________________

Tuesday you will be paid ______________________________

Wednesday I don't work ______________________________

Sunday I rest ______________________________

Bonnes notes | 5

Réponses:

Lundi, je vais travailler — Jeudi, je t'appellerai — Mardi, tu seras payé — Mercredi, je ne travaille pas — Dimanche, je me repose.

5- Translate in French: 2 points par bonne réponse

Pies are better than ice cream ____________________

This cat is stronger than the mouse ________________

Winter nights are colder than spring nights __________

This car is older than yours ______________________

My house is bigger than his _______________________

Bonnes notes | | 10 |

Réponses:

Les tartes sont meilleures que la crème glacée — Ce chat est plus fort que la souris — Les nuits d'hiver sont plus froides que les nuits de printemps — Cette auto est plus vieille que la vôtre — Ma maison est plus grande que la sienne.

«Say that in English» — 1 point par bon mot

Je vais au Centre d'achats acheter un chapeau, des bretelles, des caoutchoucs, des mouchoirs, un veston, un foulard, une robe, une ceinture, une chemise, des pantalons, des souliers, des bas, des gants et un tablier.

Bonnes notes | | 20 |

Réponses:

I am going to the Shopping Center to buy a hat, braces, rubbers, handkerchieves, a coat, a scarf, a dress, a belt, a shirt, pants, shoes, stocking, gloves and an apron.

7- Chercher dans le dictionnaire, ou dans le 1er livre: J'apprends l'anglais, les mots suivants:

To work ______________________ to bring ______________________

to eat ______________________ to shake ______________________ to write ______________________ to close ______________________

to see ______________________ to receive ______________________

to understand ______________________ to wash ______________________

Bonnes notes 10

8- Mettre au futur:

Je travaillerai ______________________

Tu mangeras ______________________

Il écrira ______________________

Nous verrons ______________________

Vous comprendrez ______________________

Bonnes notes 5

Réponses:

I will work — You will eat — He will write — We will see — You will understand.

9- Lire à gauche, la phrase numérotée; **chercher à droite** la traduction française correspondante; **inscrire** dans la case le chiffre approprié à la traduction de la phrase anglaise:

1- There is a car in front of my door	☐	Il y avait 3 bateaux dans la course
2- Why do you go home?	☐	À qui ce livre?
3- Who is there?	☐	Qui est là?
4- What are you looking for?	☐	Il y a une auto devant ma porte
5- Where is your car?	☐	Où habitez-vous?

6- How many teeth do you have?	☐	Il y a une pomme dans ce panier
7- What is your phone number?	☐	Qui êtes-vous?
8- There were 3 boats in the race	☐	Où est votre voiture?
9- Whose book is this?	☐	Combien de dents avez-vous?
10- Who are you?	☐	Quel est votre numéro de téléphone?
11- Where do you live?	☐	Que cherchez-vous?
12- There is one apple in the basket	☐	Quand partez-vous?
13- When are you leaving?	☐	Pourquoi rentrez-vous à la maison?
14- The bus leaves at ten	☐	J'ouvre la porte avec une clé
15- You leave after supper	☐	Je vais à ton bureau
16- My shoes are under the bed	☐	Je bois avec un verre
17- I drink with a glass	☐	Mes souliers sont sous le lit
18- I am going to your Office	☐	Tu pars après souper
19- Peter is at the phone	☐	Pierre est au téléphone
20- I open the door with a key	☐	L'autobus part à 10 heures

Bonnes réponses 20

10- Mettre le bon chiffre au bon endroit: 2 points par réponse exacte.

(1) on (2) under (3) over (4) through (5) near

Bonnes réponses 10

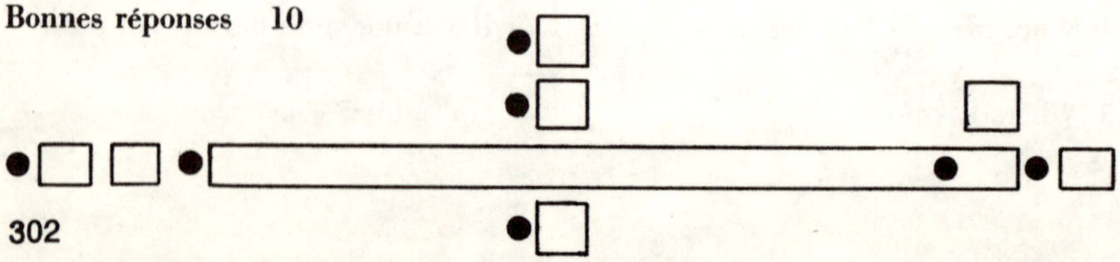

31e leçon

1- Part II — Book II — I am looking for a job

You apply for ____________ see lesson No 28, book II

Name 10 jobs

1 ____________ 6 ____________

2 ____________ 7 ____________

3 ____________ 8 ____________

4 ____________ 9 ____________

5 ____________ 10 ____________

Bonnes notes 10

2- Do you know? (see lesson No 25, book II)

Write down the sentences No 9-22-16-24-3

English		Français	
9	____________	9	____________
22	____________	22	____________
16	____________	16	____________
24	____________	24	____________
3	____________	3	____________

Bonnes notes 10

3- What do you do when... (see lesson No 26, Book II)

A- You are sick? ____________________

B- Your car won't start ____________________

C- You need money ____________________

D- You want to eat ____________________

E- If you need information ____________________

F- If your shoes need repairing ____________________

G- If you have luggage ____________________

H- If you need stamps ____________________

I- If you go to Europe ____________________

J- If you need writing paper ____________________

Bonnes notes 10

4- (see lesson No 14, Book II) **Write down the following figures:**

100	____________________	55	____________________
97	____________________	31	____________________
33	____________________	82	____________________
11	____________________	16	____________________
69	____________________	77	____________________

10

5- (see lesson No 24, Book II) 1/2 point par bonne réponse.

In a Shopping Centre, you will find:

library __________	cordonnier __________
comptoir laitier __________	rest room __________
agence de voyage __________	sewing centre __________
hardware __________	department store __________
pharmacie __________	dry cleaning __________
camera shop __________	bathing suit __________
cambric shades __________	vêtements pré-rétréci __________
women's gloves __________	flanellette blanket __________
motifs quadrillés __________	garbage can __________
veste «grand froid» __________	oreillers de plumes __________

10

6- Traduire en anglais (see lesson No 6, Book II)

1- un sac de farine __________

2- une boîte de bonbons __________

3- un sac de patates __________

4- une bouteille de lait __________

5- une boîte de savon __________

5

7- Écrire les noms en anglais (see lesson No 9, Book II)

1- coq ________________ 3- porc ________________

2- agneau ________________ 4- chiot ________________

5- âne ________________

5

8- Donner le contraire de ...(see lesson No 10, Book II)

1- près ________________

2- to weep ________________

3- little ________________

4- something ________________

5- court ________________

6- unpleasant ________________

7- before ________________

8- derrière ________________

9- never ________________

10- sometimes ________________

10

9- Conjuguer le verbe être (see lesson No 17, Book II) 1/2 point par bonne réponse.

Au présent **au passé**

1 ________________ 1 ________________

6- toll ____________________ 14- courbe raide ____________________

7- rest area ____________________ 15- pont étroit ____________________

8- men at work ____________________ 16- une voie ____________________

8

11- Petites annonces (see lesson No 28, Book II)

Traduire en anglais (enlever 1 point par faute)

Si vous êtes jeune, intelligent, rapide en calcul, bon dactylo, nous avons du travail pour vous.

____

____

12- Travail de recherches à travers le deuxième livre (1/2 point par bonne réponse)

Dans quel chapître trouvez-vous:

1- l'étude des mots composés? ____________________

2- vocabulaire sur la forme ____________________

3- «drill» sur les chiffres ____________________

4- la forme progressive au passé ____________________

5- observation d'après l'image ____________________

6- négations et contraires ____________________

7- les pronoms ____________________

8- vous sortez ce soir? ____________________

2 ______	2 ______
3 ______	3 ______
4 ______	4 ______
5 ______	5 ______
6 ______	6 ______

au futur	**au conditionnel présent**
1 ______	1 ______
2 ______	2 ______
3 ______	3 ______
4 ______	4 ______
5 ______	5 ______
6 ______	6 ______

12

10- Règlements de la circulation (see lesson No 26, Book II)

Translate:

1- bumpy road ______	9- rencontre de routes ______
2- divided highway ______	10- dégel ______
3- crossing moose ______	11- pas de déchets ______
4- turn left ______	12- no litter ______
5- two-way traffic ______	13- céder ______

9- savez-vous? ________________________________

10- Bon voyage ________________________________

5

Your SCORE on Book II is:

1		10
2		10
3		10
4		10
5		10
6		5
7		5
8		10
9		12
10		8
11		5
12		5
Total		/100

your score [___ / 100] on

FÉLICITATIONS

Lithographié au Canada
sur les presses de
Métropole Litho Inc.

Ouvrages parus aux ÉDITIONS DE L'HOMME

sans * pour l'Amérique du Nord seulement
* pour l'Europe et l'Amérique du Nord
** pour l'Europe seulement

ALIMENTATION — SANTÉ

Allergies, Les, Dr Pierre Delorme
* **Cellulite, La,** Dr Jean-Paul Ostiguy
Conseils de mon médecin de famille, Les, Dr Maurice Lauzon
Contrôler votre poids, Dr Jean-Paul Ostiguy
Diététique dans la vie quotidienne, La, Louise Lambert-Lagacé
Face-lifting par l'exercice, Le, Senta Maria Rungé
* **Guérir ses maux de dos,** Dr Hamilton Hall
* **Maigrir en santé,** Denyse Hunter
* **Maigrir, un nouveau régime de vie,** Edwin Bayrd
Massage, Le, Byron Scott
Médecine esthétique, La, Dr Guylaine Lanctôt
* **Régime pour maigrir,** Marie-Josée Beaudoin
* **Sport-santé et nutrition,** Dr Jean-Paul Ostiguy
* **Vivre jeune,** Myra Waldo

ART CULINAIRE

Agneau, L', Jehane Benoit
Art d'apprêter les restes, L', Suzanne Lapointe
* **Art de la cuisine chinoise, L',** Stella Chan
Art de la table, L', Marguerite du Coffre
Boîte à lunch, La, Louise Lambert-Lagacé
Bonne table, La, Juliette Huot
Brasserie la Mère Clavet vous présente ses recettes, La, Léo Godon
Canapés et amuse-gueule
101 omelettes, Claude Marycette
Cocktails de Jacques Normand, Les, Jacques Normand
Confitures, Les, Misette Godard
* **Congélation des aliments, La,** Suzanne Lapointe
* **Conserves, Les,** Soeur Berthe
* **Cuisine au wok, La,** Charmaine Solomon
Cuisine chinoise, La, Lizette Gervais
Cuisine de Maman Lapointe, La, Suzanne Lapointe
Cuisine de Pol Martin, La, Pol Martin
Cuisine des 4 saisons, La, Hélène Durand-LaRoche
* **Cuisine du monde entier, La,** Jehane Benoit
Cuisine en fête, La, Juliette Lassonde
Cuisine facile aux micro-ondes, Pauline Saint-Amour
* **Cuisine micro-ondes, La,** Jehane Benoit
Desserts diététiques, Claude Poliquin
Du potager à la table, Paul Pouliot, Pol Martin
En cuisinant de 5 à 6, Juliette Huot
* **Faire son pain soi-même,** Janice Murray Gill
* **Fèves, haricots et autres légumineuses,** Tess Mallos
Fondue et barbecue
* **Fondues et flambées de Maman Lapointe,** S. et L. Lapointe
Fruits, Les, John Goode
Gastronomie au Québec, La, Abel Benquet
Grande cuisine au Pernod, La, Suzanne Lapointe
Grillades, Les
* **Guide complet du barman, Le,** Jacques Normand
Hors-d'oeuvre, salades et buffets froids, Louis Dubois

Légumes, Les, John Goode
Liqueurs et philtres d'amour, Hélène Morasse
Ma cuisine maison, Jehane Benoit
Madame reçoit, Hélène Durand-LaRoche
* **Menu de santé,** Louise Lambert-Lagacé
Pâtes à toutes les sauces, Les, Lucette Lapointe
Pâtisserie, La, Maurice-Marie Bellot
Petite et grande cuisine végétarienne, Manon Bédard
Poissons et crustacés
Poissons et fruits de mer, Soeur Berthe
* **Poulet à toutes les sauces, Le,** Monique Thyraud de Vosjoli
Recettes à la bière des grandes cuisines Molson, Les, Marcel L. Beaulieu
Recettes au blender, Juliette Huot
Recettes de gibier, Suzanne Lapointe
Recettes de Juliette, Les, Juliette Huot
Recettes pour aider à maigrir, Dr Jean-Paul Ostiguy
Robot culinaire, Le, Pol Martin
Sauces pour tous les plats, Huguette Gaudette, Suzanne Colas
* **Techniques culinaires, Les,** Soeur Berthe
* **Une cuisine sage,** Louise Lambert-Lagacé
Vins, cocktails et spiritueux, Gilles Cloutier
Y'a du soleil dans votre assiette, Francine Georget

DOCUMENTS — BIOGRAPHIES

Art traditionnel au Québec, L', M. Lessard et H. Marquis
Artisanat québécois, T. I, Cyril Simard
Artisanat québécois, T. II, Cyril Simard
Artisanat québécois, T. III, Cyril Simard
Bien pensants, Les, Pierre Berton
Charlebois, qui es-tu? Benoît L'Herbier
Comité, Le, M. et P. Thyraud de Vosjoli
Daniel Johnson, T. I, Pierre Godin
Daniel Johnson, T. II, Pierre Godin
Deux innocents en Chine Rouge, Jacques Hébert, Pierre E. Trudeau
Duplessis, l'ascension, T. I, Conrad Black
Duplessis, le pouvoir, T. II, Conrad Black
Dynastie des Bronfman, La, Peter C. Newman
Écoles de rang au Québec, Les, Jacques Dorion
* **Ermite, L',** T. Lobsang Rampa
Establishment canadien, L', Peter C. Newman
Fabuleux Onassis, Le, Christian Cafarakis
Filière canadienne, La, Jean-Pierre Charbonneau
Frère André, Le, Micheline Lachance
Insolences du frère Untel, Les, Frère Untel
Invasion du Canada L', T. I, Pierre Berton
Invasion du Canada L', T. II, Pierre Berton
John A. Macdonald, T. I, Donald Creighton
John A. Macdonald, T. II, Donald Creighton
Lamia, P.L. Thyraud de Vosjoli
Magadan, Michel Solomon
Maison traditionnelle au Québec, La, M. Lessard, G. Vilandré
Mammifères de mon pays, Les, St-Denys-Duchesnay-Dumais
Masques et visages du spiritualisme contemporain, Julius Evola
Mastantuono, M. Mastantuono, M. Auger
Mon calvaire roumain, Michel Solomon
Moulins à eau de la vallée du St-Laurent, Les, F. Adam-Villeneuve, C. Felteau
Mozart raconté en 50 chefs-d'oeuvre, Paul Roussel
Nos aviateurs, Jacques Rivard
Nos soldats, George F.G. Stanley
Nouveaux Riches, Les, Peter C. Newman
Objets familiers de nos ancêtres, Les, Vermette, Genêt, Décarie-Audet
Oui, René Lévesque
* **OVNI,** Yurko Bondarchuck
Papillons du Québec, Les, B. Prévost et C. Veilleux
Patronage et patroneux, Alfred Hardy
Petite barbe, j'ai vécu 40 ans dans le Grand Nord, La, André Steinmann
* **Pour entretenir la flamme,** T. Lobsang Rampa
Prague, l'été des tanks, Desgraupes, Dumayet, Stanké
Prince de l'Église, le cardinal Léger, Le, Micheline Lachance

Provencher, le dernier des coureurs de bois, Paul Provencher
Réal Caouette, Marcel Huguet
Révolte contre le monde moderne, Julius Evola
Struma, Le, Michel Solomon
Temps des fêtes au Québec, Le, Raymond Montpetit
Terrorisme québécois, Le, Dr Gustave Morf
* **Treizième chandelle, La,** T. Lobsang Rampa
Troisième voie, La, Me Emile Colas
Trois vies de Pearson, Les, J.-M. Poliquin, J.R. Beal
Trudeau, le paradoxe, Anthony Westell
Vizzini, Sal Vizzini
Vrai visage de Duplessis, Le, Pierre Laporte

ENCYCLOPÉDIES

Encyclopédie de la chasse au Québec, Bernard Leiffet
Encyclopédie de la maison québécoise, M. Lessard, H. Marquis
* **Encyclopédie de la santé de l'enfant, L',** Richard I. Feinbloom
Encyclopédie des antiquités du Québec, M. Lessard, H. Marquis
Encyclopédie des oiseaux du Québec, W. Earl Godfrey
Encyclopédie du jardinier horticulteur, W.H. Perron
Encyclopédie du Québec, vol. I, Louis Landry
Encyclopédie du Québec, vol. II, Louis Landry

ENFANCE ET MATERNITÉ

* **Aider son enfant en maternelle et en 1ère année,** Louise Pedneault-Pontbriand
* **Aider votre enfant à lire et à écrire,** Louise Doyon-Richard
Avoir un enfant après 35 ans, Isabelle Robert
* **Comment avoir des enfants heureux,** Jacob Azerrad
Comment amuser nos enfants, Louis Stanké
* **Comment nourrir son enfant,** Louise Lambert-Lagacé
* **Découvrez votre enfant par ses jeux,** Didier Calvet
Des enfants découvrent l'agriculture, Didier Calvet
* **Développement psychomoteur du bébé, Le,** Didier Calvet
* **Douze premiers mois de mon enfant, Les,** Frank Caplan
Droits des futurs parents, Les, Valmai Howe Elkins
* **En attendant notre enfant,** Yvette Pratte-Marchessault
Enfant unique, L', Ellen Peck
* **Éveillez votre enfant par des contes,** Didier Calvet
* **Exercices et jeux pour enfants,** Trude Sekely
Femme enceinte, La, Dr Robert A. Bradley
Futur père, Yvette Pratte-Marchessault
* **Jouons avec les lettres,** Louise Doyon-Richard
* **Langage de votre enfant, Le,** Claude Langevin
Maman et son nouveau-né, La, Trude Sekely
Merveilleuse histoire de la naissance, Dr Lionel Gendron
Pour bébé, le sein ou le biberon, Yvette Pratte-Marchessault
Pour vous future maman, Trude Sekely
* **Préparez votre enfant à l'école,** Louise Doyon-Richard
* **Psychologie de l'enfant, La,** Françoise Cholette-Pérusse
* **Tout se joue avant la maternelle,** Isuba Mansuka
* **Trois premières années de mon enfant, Les,** Dr Burton L. White
* **Une naissance apprivoisée,** Edith Fournier, Michel Moreau

LANGUE

Améliorez votre français, Jacques Laurin
* **Anglais par la méthode choc, L',** Jean-Louis Morgan

Corrigeons nos anglicismes, Jacques Laurin
* **J'apprends l'anglais,** G. Silicani et J. Grisé-Allard
Notre français et ses pièges, Jacques Laurin
Petit dictionnaire du joual au français, Augustin Turennes
Verbes, Les, Jacques Laurin

LITTÉRATURE

Adieu Québec, André Bruneau
Allocutaire, L', Gilbert Langlois
Arrivants, Les, collaboration
Berger, Les, Marcel Cabay-Marin
Bigaouette, Raymond Lévesque
Carnivores, Les, François Moreau
Carré St-Louis, Jean-Jules Richard
Centre-ville, Jean-Jules Richard
Chez les termites, Madeleine Ouellette-Michalska
Commettants de Caridad, Les, Yves Thériault
Danka, Marcel Godin
Débarque, La, Raymond Plante
Domaine Cassaubon, Le, Gilbert Langlois
Doux mal, Le, Andrée Maillet
D'un mur à l'autre, Paul-André Bibeau
Emprise, L', Gaétan Brulotte
Engrenage, L', Claudine Numainville
En hommage aux araignées, Esther Rochon
Faites de beaux rêves, Jacques Poulin
Fuite immobile, La, Gilles Archambault
J'parle tout seul quand Jean Narrache, Émile Coderre
Jeu des saisons, Le, Madeleine Ouellette-Michalska
Marche des grands cocus, La, Roger Fournier
Monde aime mieux..., Le, Clémence Desrochers
Mourir en automne, Claude DeCotret
N'Tsuk, Yves Thériault
Neuf jours de haine, Jean-Jules Richard
New medea, Monique Bosco
Outaragasipi, L', Claude Jasmin
Petite fleur du Vietnam, La, Clément Gaumont
Pièges, Jean-Jules Richard
Porte silence, Paul-André Bibeau
Requiem pour un père, François Moreau
Si tu savais..., Georges Dor
Tête blanche, Marie-Claire Blais
Trou, Le, Sylvain Chapdeleine
Visages de l'enfance, Les, Dominique Blondeau

LIVRES PRATIQUES — LOISIRS

Améliorons notre bridge, Charles A. Durand
* **Art du dressage de défense et d'attaque, L',** Gilles Chartier
* **Art du pliage du papier, L',** Robert Harbin
* **Baladi, Le,** Micheline d'Astous
* **Ballet-jazz, Le,** Allen Dow et Mike Michaelson
* **Belles danses, Les,** Allen Dow et Mike Michaelson
Bien nourrir son chat, Christian d'Orangeville
Bien nourrir son chien, Christian d'Orangeville
Bonnes idées de maman Lapointe, Les, Lucette Lapointe
* **Bridge, Le,** Vivianne Beaulieu
Budget, Le, en collaboration
Choix de carrières, T. I, Guy Milot
Choix de carrières, T. II, Guy Milot
Choix de carrières, T. III, Guy Milot
Collectionner les timbres, Yves Taschereau
Comment acheter et vendre sa maison, Lucile Brisebois
Comment rédiger son curriculum vitae, Julie Brazeau
Comment tirer le maximum d'une mini-calculatrice, Henry Mullish
Conseils aux inventeurs, Raymond-A. Robic
Construire sa maison en bois rustique, D. Mann et R. Skinulis
Crochet jacquard, Le, Brigitte Thérien
Cuir, Le, L. St-Hilaire, W. Vogt
* **Découvrir son ordinateur personnel,** François Faguy
Dentelle, La, Andrée-Anne de Sève
Dentelle II, La, Andrée-Anne de Sève
Dictionnaire des affaires, Le, Wilfrid Lebel

* **Dictionnaire des mots croisés — noms communs,** Paul Lasnier
* **Dictionnaire des mots croisés — noms propres,** Piquette-Lasnier-Gauthier

Dictionnaire économique et financier, Eugène Lafond
* **Dictionnaire raisonné des mots croisés,** Jacqueline Charron

Emploi idéal en 4 minutes, L', Geoffrey Lalonde

Étiquette du mariage, L', Marcelle Fortin-Jacques

Faire son testament soi-même, Me G. Poirier et M. Nadeau Lescault

Fins de partie aux dames, H. Tranquille et G. Lefebvre

Fléché, Le, F. Bourret, L. Lavigne

Frivolité, La, Alexandra Pineault-Vaillancourt

Gagster, Claude Landré

Guide complet de la couture, Le, Lise Chartier
* **Guide complet des cheveux, Le,** Phillip Kingsley

Guide du chauffage au bois, Le, Gordon Flagler
* **Guitare, La,** Peter Collins

Hypnotisme, L', Jean Manolesco
* **J'apprends à dessiner,** Joanna Nash

Jeu de la carte et ses techniques, Le, Charles A. Durand

Jeux de cartes, Les, George F. Hervey
* **Jeux de dés, Les,** Skip Frey

Jeux d'hier et d'aujourd'hui, S. Lavoie et Y. Morin
* **Jeux de société,** Louis Stanké
* **Jouets, Les,** Nicole Bolduc
* **Lignes de la main, Les,** Louis Stanké

Loi et vos droits, La, Me Paul-Émile Marchand

Magie et tours de passe-passe, Ian Adair

Magie par la science, La, Walter B. Gibson
* **Manuel de pilotage**

Marionnettes, Les, Roger Régnier

Mécanique de mon auto, La, Time Life Books
* **Mon chat, le soigner, le guérir,** Christian d'Orangeville

Nature et l'artisanat, La, Soeur Pauline Roy
* **Noeuds, Les,** George Russel Shaw

Nouveau guide du propriétaire et du locataire, Le, Mes M. Bolduc, M. Lavigne, J. Giroux
* **Ouverture aux échecs, L',** Camille Coudari

Papier mâché, Le, Roger Régnier

P'tite ferme, les animaux, La, Jean-Claude Trait

Petit manuel de la femme au travail, Lise Cardinal

Poids et mesures, calcul rapide, Louis Stanké

Races de chats, chats de race, Christian d'Orangeville

Races de chiens, chiens de race, Christian d'Orangeville

Roulez sans vous faire rouler, T. I, Philippe Edmonston

Roulez sans vous faire rouler, T. II, le guide des voitures d'occasion, Philippe Edmonston

Savoir-vivre d'aujourd'hui, Le, Marcelle Fortin-Jacques

Savoir-vivre, Nicole Germain

Scrabble, Le, Daniel Gallez

Secrétaire bilingue, Le/la, Wilfrid Lebel

Secrétaire efficace, La, Marian G. Simpsons

Tapisserie, La, T.M. Perrier, N.B. Langlois
* **Taxidermie, La,** Jean Labrie

Tenir maison, Françoise Gaudet-Smet

Terre cuite, Robert Fortier

Tissage, Le, G. Galarneau, J. Grisé-Allard

Tout sur le macramé, Virginia I. Harvey

Trouvailles de Clémence, Les, Clémence Desrochers

2001 trucs ménagers, Lucille Godin

Vive la compagnie, Pierre Daigneault

Vitrail, Le, Claude Bettinger

Voir clair aux dames, H. Tranquille, G. Lefebvre
* **Voir clair aux échecs,** Henri Tranquille
* **Votre avenir par les cartes,** Louis Stanké

Votre discothèque, Paul Roussel

PHOTOGRAPHIE

* **8/super 8/16,** André Lafrance
* **Apprendre la photo de sport,** Denis Brodeur
* **Apprenez la photographie avec Antoine Desilets**
* **Chasse photographique, La,** Louis-Philippe Coiteux
* **Découvrez le monde merveilleux de la photographie,** Antoine Desilets
* **Je développe mes photos,** Antoine Desilets

* **Guide des accessoires et appareils photos, Le,** Antoine Desilets, Paul Taillefer
* **Je prends des photos,** Antoine Desilets
* **Photo à la portée de tous, La,** Antoine Desilets
* **Photo de A à Z, La,** Desilets, Coiteux, Gariépy
* **Photo Reportage,** Alain Renaud
* **Technique de la photo, La,** Antoine Desilets

PLANTES ET JARDINAGE

Arbres, haies et arbustes, Paul Pouliot
Automne, le jardinage aux quatre saisons, Paul Pouliot
* **Décoration intérieure par les plantes, La,** M. du Coffre, T. Debeur

Été, le jardinage aux quatre saisons, Paul Pouliot
Guide complet du jardinage, Le, Charles L. Wilson
Hiver, le jardinage aux quatre saisons, Paul Pouliot
Jardins d'intérieur et serres domestiques, Micheline Lachance
Jardin potager, la p'tite ferme, Le, Jean-Claude Trait
Je décore avec des fleurs, Mimi Bassili
Plantes d'intérieur, Les, Paul Pouliot
Printemps, le jardinage aux quatre saisons, Paul Pouliot
Techniques du jardinage, Les, Paul Pouliot
* **Terrariums, Les,** Ken Kayatta et Steven Schmidt

Votre pelouse, Paul Pouliot

PSYCHOLOGIE

Âge démasqué, L', Hubert de Ravinel
* **Aider mon patron à m'aider,** Eugène Houde
* **Amour, de l'exigence à la préférence, L',** Lucien Auger

Caractères et tempéraments, Claude-Gérard Sarrazin
* **Coeur à l'ouvrage, Le,** Gérald Lefebvre
* **Comment animer un groupe,** collaboration
* **Comment déborder d'énergie,** Jean-Paul Simard
* **Comment vaincre la gêne et la timidité,** René-Salvator Catta
* **Communication dans le couple, La,** Luc Granger
* **Communication et épanouissement personnel,** Lucien Auger

Complexes et psychanalyse, Pierre Valinieff
* **Contact,** Léonard et Nathalie Zunin
* **Courage de vivre, Le,** Dr Ari Kiev

Dynamique des groupes, J.M. Aubry, Y. Saint-Arnaud
* **Émotivité et efficacité au travail,** Eugène Houde
* **Être soi-même,** Dorothy Corkille Briggs
* **Facteur chance, Le,** Max Gunther
* **Fantasmes créateurs, Les,** J.L. Singer, E. Switzer

Frères — Soeurs, la rivalité fraternelle, Dr J.F. McDermott, Jr
* **Hypnose, bluff ou réalité?,** Alain Marillac
* **Interprétez vos rêves,** Louis Stanké
* **J'aime,** Yves Saint-Arnaud
* **Mise en forme psychologique, La,** Richard Corriere et Joseph Hart
* **Parle moi... j'ai des choses à te dire,** Jacques Salomé

Penser heureux, Lucien Auger
* **Personne humaine, La,** Yves Saint-Arnaud
* **Première impression, La,** Chris. L. Kleinke
* **Psychologie de l'amour romantique, La,** Dr Nathaniel Branden
* **S'affirmer et communiquer,** J.-M. Boisvert, M. Beaudry
* **S'aider soi-même,** Lucien Auger
* **S'aider soi-même davantage,** Lucien Auger
* **S'aimer pour la vie,** Dr Zev Wanderer et Erika Fabian
* **Savoir organiser, savoir décider,** Gérald Lefebvre
* **Savoir relaxer pour combattre le stress,** Dr Edmund Jacobson
* **Se changer,** Michael J. Mahoney
* **Se comprendre soi-même,** collaboration
* **Se concentrer pour être heureux,** Jean-Paul Simard

* **Se connaître soi-même,** Gérard Artaud
* **Se contrôler par le biofeedback,** Paultre Ligondé
* **Se créer par la gestalt,** Joseph Zinker

Se guérir de la sottise, Lucien Auger
S'entraider, Jacques Limoges
Séparation du couple, La, Dr Robert S. Weiss

* **Trouver la paix en soi et avec les autres,** Dr Theodcr Rubin
* **Vaincre ses peurs,** Lucien Auger
* **Vivre avec sa tête ou avec son coeur,** Lucien Auger

Volonté, l'attention, la mémoire, La, Robert Tocquet
Votre personnalité, caractère..., Yves Benoit Morin

* **Vouloir c'est pouvoir,** Raymond Hull

Yoga, corps et pensée, Bruno Leclercq
Yoga des sphères, Le, Bruno Leclercq

SEXOLOGIE

* **Avortement et contraception,** Dr Henry Morgentaler
* **Bien vivre sa ménopause,** Dr Lionel Gendron
* **Comment séduire les femmes,** E. Weber, M. Cochran
* **Comment séduire les hommes,** Nicole Ariana

Fais voir! W. McBride et Dr H.F.-Hardt

* **Femme enceinte et la sexualité, La,** Elizabeth Bing, Libby Colman

Femme et le sexe, La, Dr Lionel Gendron

* **Guide gynécologique de la femme moderne, Le,** Dr Sheldon H. Sherry

Helga, Eric F. Bender
Homme et l'art érotique, L', Dr Lionel Gendron
Maladies transmises sexuellement, Les, Dr Lionel Gendron
Qu'est-ce qu'un homme? Dr Lionel Gendron
Quel est votre quotient psycho-sexuel? Dr Lionel Gendron

* **Sexe au féminin, Le,** Carmen Kerr

Sexualité, La, Dr Lionel Gendron

* **Sexualité du jeune adolescent, La,** Dr Lionel Gendron

Sexualité dynamique, La, Dr Paul Lefort

* **Ta première expérience sexuelle,** Dr Lionel Gendron et A.-M. Ratelle
* **Yoga sexe,** S. Piuze et Dr L. Gendron

SPORTS

ABC du hockey, L', Howie Meeker

* **Aïkido — au-delà de l'agressivité,** M. N.D. Villadorata et P. Grisard

Apprenez à patiner, Gaston Marcotte

* **Armes de chasse, Les,** Charles Petit-Martinon
* **Badminton, Le,** Jean Corbeil

Ballon sur glace, Le, Jean Corbeil
Bicyclette, La, Jean Corbeil

* **Canoé-kayak, Le,** Wolf Ruck
* **Carte et boussole,** Björn Kjellström

100 trucs de billard, Pierre Morin
Chasse et gibier du Québec, Greg Guardo, Raymond Bergeron
Chasseurs sachez chasser, Lucien B. Lapierre

* **Comment se sortir du trou au golf,** L. Brien et J. Barrette
* **Comment vivre dans la nature,** Bill Riviere
* **Conditionnement physique, Le,** Chevalier-Laferrière-Bergeron
* **Corrigez vos défauts au golf,** Yves Bergeron

Corrigez vos défauts au jogging, Yves Bergeron
Danse aérobique, La, Barbie Allen

* **En forme après 50 ans,** Trude Sekely
* **En superforme par la méthode de la NASA,** Dr Pierre Gravel

Entraînement par les poids et haltères, Frank Ryan
Équitation en plein air, L', Jean-Louis Chaumel
Exercices pour rester jeune, Trude Sekely

* **Exercices pour toi et moi,** Joanne Dussault-Corbeil

Femme et le karaté samouraï, La, Roger Lesourd
Guide du judo (technique debout), Le, Louis Arpin

* **Guide du self-defense, Le,** Louis Arpin
* **Guide de survie de l'armée américaine, Le**

Guide du trappeur, Paul Provencher
Initiation à la plongée sous-marine, René Goblot

* **J'apprends à nager,** Régent LaCoursière
* **Jogging, Le,** Richard Chevalier
Jouez gagnant au golf, Luc Brien, Jacques Barrette
* **Jouons ensemble,** P. Provost, M.J. Villeneuve
* **Karaté, Le,** André Gilbert
* **Karaté Sankukai, Le,** Yoshinao Nanbu
Larry Robinson, le jeu défensif au hockey, Larry Robinson
Lutte olympique, La, Marcel Sauvé, Ronald Ricci
* **Marathon pour tous, Le,** P. Anctil, D. Bégin, P. Montuoro
Marche, La, Jean-François Pronovost
Maurice Richard, l'idole d'un peuple, Jean-Marie Pellerin
* **Médecine sportive, La,** M. Hoffman et Dr G. Mirkin
Mon coup de patin, le secret du hockey, John Wild
* **Musculation pour tous, La,** Serge Laferrière
Nadia, Denis Brodeur et Benoît Aubin
Natation de compétition, La, Régent LaCoursière
Navigation de plaisance au Québec, La, R. Desjardins et A. Ledoux
Mes observations sur les insectes, Paul Provencher
Mes observations sur les mammifères, Paul Provencher
Mes observations sur les oiseaux, Paul Provencher
Mes observations sur les poissons, Paul Provencher
Passes au hockey, Les, Chapleau-Frigon-Marcotte
Parachutisme, Le, Claude Bédard
Pêche à la mouche, La, Serge Marleau
Pêche au Québec, La, Michel Chamberland
Pistes de ski de fond au Québec, Les, C. Veilleux et B. Prévost
Planche à voile, La, P. Maillefer
* **Pour mieux jouer, 5 minutes de réchauffement,** Yves Bergeron
* **Programme XBX de l'aviation royale du Canada**
Puissance au centre, Jean Béliveau, Hugh Hood
Racquetball, Le, Jean Corbeil
Racquetball plus, Jean Corbeil
** **Randonnée pédestre, La,** Jean-François Pronovost
Raquette, La, William Osgood et Leslie Hurley
Règles du golf, Les, Yves Bergeron
Rivières et lacs canotables du Québec, F.Q.C.C.
* **S'améliorer au tennis,** Richard Chevalier
Secrets du baseball, Les, C. Raymond et J. Doucet
Ski nautique, Le, G. Athans Jr et A. Ward
* **Ski de randonnée, Le,** J. Corbeil, P. Anctil, D. Bégin
Soccer, Le, George Schwartz
* **Squash, Le,** Jean Corbeil
Squash, Le, Jim Rowland
Stratégie au hockey, La, John Meagher
Surhommes du sport, Les, Maurice Desjardins
Techniques du billard, Pierre Morin
* **Techniques du golf,** Luc Brien, Jacques Barrette
Techniques du hockey en U.R.S.S., André Ruel et Guy Dyotte
* **Techniques du tennis,** Ellwanger
* **Tennis, Le,** Denis Roch
Terry Fox, le marathon de l'espoir, J. Brown et G. Harvey
Tous les secrets de la chasse, Michel Chamberland
Troisième retrait, Le, C. Raymond, M. Gaudette
Vivre en forêt, Paul Provencher
Vivre en plein air, camping-caravaning, Pierre Gingras
Voie du guerrier, La, Massimo N. di Villadorata
Voile, La, Nick Kebedgy

Imprimé au Canada/Printed in Canada